festa vegetariana

celia brooks brown

festa vegetariana
receba os amigos com classe e sabor

tradução de Maria Sylvia Corrêa

fotos de Jan Baldwin

1 **canapés e petiscos** *12*
para acompanhar bebidas, tira-gostos surpreendentes e rápidos de fazer

2 **alimente a massa** *26*
tigelas e pratos grandes e substanciosos, para comer com a mão ou com palitos

3 **entradas** *46*
para um início de refeição esplêndido ou como acompanhamento de refeições especiais

4 **almoço e jantar** *64*
pratos principais e acompanhamentos

5 **sobremesas** *82*
doces e guloseimas

6 **de última hora** *100*
receitas super-rápidas com o mínimo de ingredientes

7 **quente e frio** *114*
para comer fora de casa, usando a churrasqueira, ou em piqueniques

8 **brunch** *132*
pratos fáceis e saborosos para começar o dia

9 **vegetarianos que comem peixe** *146*
receitas para piscovegetarianos

sumário

prefácio *6*   planejamento *8*   truques do anfitrião *11*

índice remissivo *158*   agradecimentos *159*

prefácio

"O vegetariano não é alguém que só vive de vegetais, assim como um católico nem sempre é muito católico." — George Bernard Shaw

Existem inúmeras razões para deixar de comer ou comer menos carne. Aliás, as carnes nunca me atraíram muito. Em 1989, quando me mudei do Reino Unido para os Estados Unidos, eu tinha 19 anos e comia frango de vez em quando, mas nunca outras carnes. Eu não era nada sofisticada – vivia de sopa de pacotinho, salada e fast-food. Minha habilidade culinária se resumia em ferver água e abrir embalagens. Pouco tempo depois que me mudei, ocorreram problemas de saúde no Reino Unido envolvendo alimentos. Assim, deixei o frango de lado e com isso acabei cortando de vez as carnes do meu cardápio.

Assim que desisti das carnes, comecei a me interessar por culinária. Não foi coincidência. Eu sabia que não poderia passar a vida toda à base de comida empacotada e pedaços de queijo gorduroso. À medida que minha percepção culinária se tornou mais apurada, comecei a encarar a comida não apenas como combustível, e meus sentidos foram aprimorados. Fiquei com vontade de aprender a cozinhar, usar minha criatividade, explorar ingredientes, utensílios e os cinco sentidos – e de fazer pratos deliciosos, claro. Com o tempo, descobri que a satisfação maior era dar prazer às pessoas ao oferecer o que eu havia preparado. Logo percebi que um prato feito com paixão desperta bons sentimentos em quem está comendo.

Para mim, o universo dos alimentos não se restringe a cozinhar; envolve também uma preocupação obsessiva pela saúde. Muito da diversão e do fascínio desse mundo está em procurar ingredientes frescos e de boa qualidade em mercados e lojas especializadas, e em me debruçar sobre pilhas de livros de receitas, descobrir as curiosidades, a história e o papel social da culinária. Além de gostar de uma mesa farta, claro.

Esse interesse acabou virando minha profissão, uma carreira que inclui aulas, livros e um serviço de bufê vegetariano. Mas não sou nenhuma vegetariana doutrinadora. O que quero é mostrar como cozinhar é fácil e divertido. As carnes não fazem parte do meu repertório. É preciso ter o que chamo de "relação sensorial" com os ingredientes. Se não envolvemos todos os nossos sentidos, a comida não fica saborosa. Mesmo que eu me atenha à teoria para preparar um pedaço de carne, é provável que ela fique horrível.

Em poucas palavras, meu lema é: a culinária vegetariana é mais complexa do que simplesmente jogar qualquer coisa numa panela. Ela demanda muita reflexão e um preparo cuidadoso. Quando não se está acostumado à cozinha vegetariana, é bom arriscar um cardápio que vá além do tradicional, que inclua "uma carne e duas verduras" e no qual as verduras fiquem em segundo plano. Equilibrando texturas, cores e sabores, ninguém vai sentir falta de carne.

Quando digo que sou vegetariana, as pessoas sempre perguntam: "Você come peixe?". Bom, os vegetarianos que comem peixe não são rigorosamente vegetarianos, mas desde quando o prazer da comida é uma questão de rigor? Não acho "hipócrita" comer um pouco de peixe. As pessoas devem decidir por si mesmas o que ingerir e por quê. (Isso também vale para os carnívoros.) Como existe a turma moderna de piscovegetarianos, incluí aqui algumas receitas de peixe, e fiz o possível para recomendar as espécies ecologicamente corretas. Este livro é para quem gosta de culinária, vegetariana ou não. Espero que suas páginas sejam saboreadas.

Celia Brooks Brown

como usar este livro

Atualmente, decidir o que cozinhar depende mais da ocasião – se é para um lanche informal, um coquetel – do que da época do ano. Por isso, agrupei as receitas de acordo com cada tipo de evento. No início dos capítulos, apresento conselhos e dicas de organização; a seguir, faço sugestões de cardápio e recomendações de planejamento, louça e bebidas. Todas as receitas podem compor cardápios que qualquer pessoa possa saborear, seja ela vegetariana ou não. Espero que alguns desses pratos sejam adotados no seu dia a dia.

planejamento: regras de ouro para o anfitrião

Regra 1 — **Um cardápio bem pensado é a base do sucesso:**

Elabore um cardápio adequado ao tempo de preparo disponível.

Prefira ingredientes da estação.

Equilibre as cores, os sabores e as texturas de cada item.

Estipule um orçamento – é possível receber bem sem gastar uma fortuna.

Fuja do convencional "entrada + prato principal + sobremesa". Escolha vários pratos menos elaborados, ou canapés, e complemente com um prato de arrasar.

Leve em conta o clima e como ele afeta a escolha do que vai ser servido – por exemplo, uma sopa fria em um dia quente é perfeito.

Providencie algo para acompanhar a bebida, mesmo que seja uma coisa simples como uma cumbuca de castanhas ou azeitonas.

Regra 2 — **Sempre que possível, facilite sua vida:**

Alugar pratos, talheres e até mesas e cadeiras é uma boa alternativa. Pense nisso.

Avalie o espaço da reunião – as pessoas costumam se aglomerar na cozinha, mas tente fazer com que a festa aconteça longe do local de trabalho.

Esvazie a geladeira, pois é preciso ter muito espaço livre.

Faça as compras um dia antes de começar a cozinhar.

Convoque ajudantes. Para cada 10 convidados, arrume ou contrate uma pessoa.

Se você vai receber muitas crianças, prepare um cardápio só para elas. Mas, por favor, não se acabe na cozinha! Elas vão adorar fritas, pizza, doces e salgadinhos, e você pode incluir parte da comida dos adultos.

Se vai cozinhar ou esquentar comida para as crianças, programe-se.

Regra 3 **Lembre-se dos detalhes corriqueiros:**

Providencie uma lixeira grande e compre muitos sacos de lixo.

Atualmente muitas pessoas têm algum tipo de intolerância alimentar. A responsabilidade de avisar sobre necessidades especiais com antecedência é do convidado. Se algum deles só avisar ao chegar e você não tiver nada que ele possa comer, não se sinta mal – deixe que a pessoa vasculhe a cozinha. Não se esqueça dos guardanapos. Calcule pelo menos dois por pessoa. Se o clima estiver frio, reserve um lugar para os casacos dos convidados.

o básico do bar

Se você vai cozinhar, alguém deve ficar responsável pelas bebidas.

Quantidades aproximadas de vinho: calcule meia garrafa de vinho branco e meia de vinho tinto por pessoa. No caso de frisantes, ¾ de garrafa por pessoa.

Se puder adquirir bebidas em consignação, encomende uma quantidade maior.

Reserve caixas para colocar as garrafas vazias. Recicle-as.

Alugue copos e taças (para refrigerantes, vinhos e coquetéis), lembrando de devolvê-los limpos e de que as quebras são inevitáveis. Para um evento grande, alugue o correspondente ao dobro do número de convidados. As pessoas se esquecem onde colocaram o copo e acabam pegando outros.

Não encha a geladeira de bebidas. Coloque-as em isopores grandes ou no tanque, com água e gelo. Assim elas gelam mais rápido e você economiza espaço na geladeira.

Providencie gelo com antecedência (cerca de 11 quilos para cada 10 pessoas) e comece a gelar os drinques pelo menos 2 horas antes do início da festa.

Reserve muita água, natural e com gás.

Em um evento grande, não ofereça muitos tipos de bebidas. Atenha-se a vinho e cerveja, ou algum coquetel maravilhoso.

As bebidas não alcoólicas devem ser simples. Encha algumas jarras com chá gelado ou suco e reserve muita água, natural e com gás.

estratégia de compras e despensa

Antes de fazer as compras, reserve espaço para os ingredientes na geladeira e nos armários.

Pense em qualidade. Compre sempre o melhor.

Se souber de uma promoção, mude o cardápio — mas só se o ingrediente estiver fresco e com ótima qualidade.

Os alimentos orgânicos são melhores, mas estragam rápido — os hidropônicos, também. Escolha os produtos frescos com cuidado e utilize-os o mais rápido possível.

Os ovos caipiras são os mais indicados. Conserve-os na geladeira.

Algumas mercearias são um achado e podem ser uma fonte de inspiração para qualquer cozinheiro, experiente ou não.

Apoie o pequeno produtor. Sempre que possível, compre dos produtores locais.

Adquira as folhas verdes e as ervas frescas um ou, no máximo, dois dias antes.

Seque bem as alfaces com papel toalha e guarde-as na gaveta da geladeira.

Os ramos de ervas frescas devem ser lavados e conservados em vasos com água.

Lave o manjericão e seque bem, separando suas folhas. Conserve na geladeira ou coloque-o num pote de vidro com azeite durante alguns dias para utilizar sempre que desejar e aproveitar o azeite como tempero.

Mantenha as frutas vermelhas na geladeira.

Retire todas as frutas e verduras das embalagens plásticas.

questão de saúde

Quando recebemos convidados, precisamos relaxar. É verdade que o alimento saudável faz bem — aumenta a energia, a força e a vitalidade. No dia a dia, todo mundo se beneficia com uma dieta saudável — *grosso modo*, isso significa pouca gordura e carboidratos, muita fibra, um pouco de proteína e frutas e verduras frescas em profusão. Mas beliscar algo proibitivo é essencial ao bom humor; portanto a indulgência, vez por outra, é uma coisa boa.

a dieta vegetariana é um modelo de dieta

As pesquisas têm demonstrado que a dieta vegetariana melhora a saúde. Os vegetarianos, contudo, precisam cuidar de ingerir proteínas, ferro, vitamina B e selênio. Existem muitas fontes desses nutrientes em uma dieta vegetariana balanceada, que inclua grãos, legumes, raízes, frutas frescas, secas e oleaginosas, verduras, sementes e uma pequena quantidade de gordura. Os laticínios pouco gordurosos, como o iogurte, são uma importante fonte de cálcio. Os ovos contêm nutrientes importantes, mas devem ser consumidos com moderação.

truques do anfitrião
— É sempre bom ter ingredientes variados na despensa para cozinhar com comodidade e um toque de sofisticação.

sabores para um tempero salgado
- **Shoyu** — original e light
- **Nam pla** — molho de peixe tailandês
- **Molho inglês** — tradicional ou vegetariano
- **Caldo de legumes** — em pó ou cubinhos, sempre de boa qualidade

sabores para apimentar e condimentar
- **Pimentas** — frescas (podem ser conservadas no congelador por muito tempo, ou na geladeira até enrugar), secas (defumadas ou não); pimenta-de-caiena, pimenta em pó suave, molhos de pimenta (tailandês, de pimenta-malagueta, pimenta-da-jamaica), pimenta em conserva, pimenta jalapeño, pimenta-rosa
- **Condimentos** — semente de mostarda-preta, cominho, coentro em grão e em pó, cardamomo, gengibre em pó, açafrão, noz-moscada, canela em pau, fava de baunilha, páprica

sabores para dar intensidade, corpo e personalidade
- **Azeites e vinagres** — azeite de oliva extravirgem, óleo de gergelim, azeite trufado, vinagre balsâmico e condimentados/temperados
- **Bebidas para culinária** — vinho Madeira, sherry, vermute (como substituto do vinho branco), saquê mirin, vinho do Porto, conhaque, rum
- **Ervas frescas** — salsinha, estragão, manjericão, hortelã, louro, sálvia, tomilho

sabores para adoçar o paladar
Mel, xarope de glicose de milho, melado, água de rosas, água de flor de laranjeira, compotas de frutas, cacau em pó, barras de chocolate (meio amargo com 70% de cacau, ao leite e branco)

petiscos saborosos
Azeitonas variadas, alcaparra em conserva ou salgada, tomate seco, coração de alcachofra em conserva, picles (de cebola, de minibeterrabas, de pepino), cogumelos secos (porcini e shitake), folhas de uva, patês
- **Nozes e castanhas** (sem casca) — nozes, nozes-macadâmias, nozes-pecãs, avelãs, castanhas de caju, amêndoas (descascadas, em lâminas, moídas), pinholes
- **Sementes e grãos** — gergelim, gergelim preto, abóbora, linhaça escura e dourada, amendoim, pistaches
- **Frutas secas** — uvas-passas (brancas e escuras), damascos, ameixas, figos, coco

alimentos básicos
- **Macarrão** — massas com cortes variados (longos e curtos), massas orientais (para yakisoba, de arroz)
- **Arroz e outros grãos** — arroz basmati, arroz arbóreo, arroz integral, cuscuz marroquino, trigo integral, quinua
- **Legumes/grãos secos e em conserva** — lentilhas, ervilhas, favas, minimilhos, palmito de pupunha

essenciais no congelador
Espinafre, brócolis, ervilhas, frutas vermelhas, massas prontas, sorvete, pão de queijo, vodca, gelo

1

canapés e petiscos

para acompanhar bebidas, tira-gostos surpreendentes e rápidos de fazer

sanduíche de pepino e mascarpone com ervas 15
batatinhas crocantes com molho de tamarindo 17
charutinhos de frutas secas 18
espetinhos de berinjela, queijo feta e hortelã 19
teriyaki de amêndoas e castanhas 22
crostini com abacate e tomate seco 23
tortinhas de alcachofra 24
trufas de berinjela e azeitonas 25

O canapé — pequena fatia de pão, torrada ou frita em manteiga, coberta com, por exemplo, uma pasta – acabou incorporando todos os tira-gostos, acepipes, aperitivos e petiscos pequenos e deliciosos que regalam o paladar e amortecem os efeitos do álcool.

Sem dúvida, para acompanhar as bebidas, os petiscos quentes, crocantes e fritos são os mais populares, mas devem ser servidos imediatamente. Com isso, o cozinheiro fica preso à cozinha e, a gordura, ao cozinheiro (e à sua linda roupa de festa). Se essa é sua escolha, procure os congelados das lojas de produtos asiáticos onde se pode encontrar deliciosos rolinhos primavera, dim sum e wantan (confira o rótulo para ver se há alguma carne sorrateira entre os ingredientes). Mergulhe-os no óleo quente até dourar e sirva com molho de pimenta.

Se você é o cozinheiro e o anfitrião, apele para o forno enquanto cuida de outras coisas. É sempre bom ter à mão um timer, se tiver que deixar coisas no forno para receber os convidados. O cheiro de queimado é bastante característico e constrangedor! Não duvide, já passei por isso mais de uma vez.

Ao escolher os canapés, procure equilibrar o quente e o frio e evitar preparos de última hora. Calcule as seguintes quantidades (por pessoa):

Canapés para antes do almoço: 2 ou 3 tipos diferentes, 1 ou 2 de cada
Canapés como tira-gosto: 3 tipos diferentes, 1 ou 2 de cada
Canapés para reuniões no começo da noite: de 6 a 8 tipos diferentes, 1 ou 2 de cada
Canapés como substitutos do jantar: 8 tipos diferentes, 2 ou 3 de cada
Se os canapés forem maiores do que "uma mordida", providencie quantidades menores.

sanduíche de pepino e mascarpone com ervas

Servido dentro de um pão escavado, o clássico sanduíche de pepino ganha um toque de modernidade. Deve ser preparado com 4 horas de antecedência.

ingredientes

rende 36 sanduíches
1 pão italiano
250 g de queijo mascarpone
4 colheres (sopa) cheias de ervas frescas bem picadas (endro, salsinha, cebolinha, estragão)
raspas de 1 limão-siciliano
sal e pimenta-do-reino moída na hora
2 a 3 gotas de molho de pimenta
8 fatias de pão de fôrma integral
½ pepino em fatias bem finas

preparo

Corte uma "tampa" na parte de cima do pão italiano e escave-o. Envolva-o com filme de PVC e reserve.

Bata o queijo mascarpone, as ervas picadas, as raspas do limão, o sal, a pimenta-do-reino e o molho de pimenta. Coloque as fatias de pão sobre uma superfície de trabalho, espalhe a mistura de mascarpone e distribua as fatias de pepino em metade delas. Cubra com as outras fatias de pão, retire a casca e corte os sanduíches em quatro.

Encha a tigela de pão com esses sanduichinhos, cubra tudo com filme de PVC e deixe na geladeira até a hora de servir. (Prepare a mais para reabastecer a tigela.)

batatinhas crocantes com molho de tamarindo

Para acompanhar batatinhas douradas e crocantes, um molho com um ingrediente que vai dar o que falar: tamarindo. Escolha batatas bem miúdas, para serem levadas à boca de uma só vez.

ingredientes

rende 20 porções (como acompanhamento), de 8 a 10 porções (como aperitivo)
1 quilo de batatas bolinha bem lavadas
1 colher (sopa) de coentro em grão
1 colher (sopa) de cominho
½ colher (chá) de cúrcuma
½ colher (chá) de pimenta-de-caiena
1 colher (chá) de sal de aipo ou sal marinho
3 colheres (sopa) de azeite de oliva
1 colher (sopa) de vinagre de vinho

para o molho de tamarindo:
100 ml / menos de ½ xícara (chá) de creme de leite fresco ou creme azedo (creme de leite fresco com gotas de limão)
100 ml / menos de ½ xícara (chá) de iogurte natural
2 colheres (sopa) de polpa de tamarindo (veja a superdica abaixo)

preparo

Preaqueça o forno a 220°C. Cozinhe as batatas bolinha em água com sal por 5 minutos, escorra e deixe esfriar. Seque-as com um pano limpo.

Em um moedor de grãos, moa o coentro e o cominho e misture com os demais temperos e o sal. Em uma tigela, junte o azeite, o vinagre e os temperos. Coloque as batatas em uma assadeira grande e despeje o azeite temperado, misturando bem para envolvê-las por igual. Leve ao forno por cerca de 15 a 20 minutos, até ficarem macias. Retire as batatas da assadeira com pinças e arrume-as em uma tigela. Reserve os temperos que sobraram na assadeira.

Para o molho, bata o creme de leite com o iogurte. Acrescente os temperos retirados da assadeira e o tamarindo. Sirva com as batatas quentes ou frias.

superdica

Cubra a polpa de tamarindo com água quente, deixe de molho por 15 a 20 minutos e depois passe por uma peneira para obter um purê ralo (veja as fotos acima).

charutinhos de frutas secas

Frutas secas combinadas com alcaparras e condimentos dão um sabor surpreendente a este petisco. É doce ou picante? As pessoas talvez demorem para descobrir o que há dentro destes charutinhos, inspirados no Oriente Médio.

ingredientes

rende 15 charutinhos

55 g / ½ xícara (chá) de cranberries secos (você também pode usar ameixas secas sem caroço ou damascos)
55 g / ½ xícara (chá) de amêndoas moídas
1 colher (sopa) de alcaparras em conserva escorridas
1 colher (sopa) de orégano ou manjerona fresco
½ colher (chá) de cominho
4 folhas de massa filo (16 cm x 30 cm)
2 colheres (sopa) de manteiga derretida

preparo

Coloque os cranberries secos numa tigela e cubra com água quente. Deixe de molho de 15 a 20 minutos, até ficarem macios, e escorra. Em um processador, junte os cranberries, as amêndoas moídas, as alcaparras, o orégano ou a manjerona e o cominho e bata até obter um purê. Se preferir, pique tudo bem miúdo e misture bem.

Preaqueça o forno a 220°C. Unte a assadeira e cubra-a com papel-manteiga. Coloque 1 folha de massa filo, na horizontal, sobre uma superfície de trabalho e pincele-a com a manteiga derretida. Conserve as demais folhas de massa sob um pano úmido. Espalhe uma faixa de recheio no centro da massa, deixando cerca de 2 cm em cima e embaixo.
Dobre a borda inferior sobre o recheio e, aos poucos, enrole como se fosse um rocambole.

Com uma faca ou uma tesoura, corte as pontas do rolo e divida-o em charutinhos com cerca de 5 cm de comprimento. Arrume-os na assadeira e pincele-os com manteiga.

Asse os charutinhos por cerca de 10 a 15 minutos, até dourarem. Sirva quente ou frio.

planeje

Prepare os rolos na véspera e guarde-os na geladeira, cobertos e separados uns dos outros. No dia seguinte, é só cortar e assar.

superdica

Para os veganos, substitua a manteiga por azeite de oliva. Sirva os charutinhos em uma travessa baixa e reta, para não escorregarem.

espetinhos de berinjela, queijo feta e hortelã

Berinjelas grelhadas ou levemente coradas no forno já ficam irresistíveis. Nestes espetinhos vão ficar mais ainda! Prepare-os com 4 horas de antecedência.

ingredientes

rende 20 espetinhos
1 berinjela grande cortada em 10 fatias bem finas no sentido do comprimento
azeite de oliva para pincelar
100 g de queijo feta cortado em cubos (20 ao todo)
20 folhas de hortelã fresca
pimenta-do-reino moída na hora
vinagre balsâmico ou xarope de romã (p. 71) para servir

preparo

Leve uma chapa estriada ao fogo alto por 5 minutos ou até ficar bem quente. Pincele as fatias de berinjela com o azeite e grelhe-as de ambos os lados, até ficarem coradas e com vincos escuros. Deixe esfriar e corte cada fatia em 2 longas tiras. Coloque uma folha de hortelã sobre uma das tiras e enrole-a firmemente em volta de um cubo de queijo feta. Prenda com um espeto de bambu ou palito e arrume em uma travessa. Salpique pimenta-do-reino a gosto e pingue algumas gotas de vinagre balsâmico ou de xarope de romã.

à esquerda, espetinhos de berinjela, queijo feta e hortelã; à direita, charutinhos de frutas secas

canapés e petiscos

Coquetel

Nos coquetéis, as pessoas costumam ficar em pé, conversando muito e bebendo mais rápido do que o normal. Por isso, é importante manter a comida e a bebida circulando num ritmo constante noite afora. Se você estiver ocupado na cozinha, peça a amigos ou familiares que ofereçam suas criações, explicando o que há em cada uma, caso alguém pergunte. Não exagere na decoração – deixe que os pratos falem por si mesmos. Prepare canapés pequenos, de preferência que possam ser ingeridos de uma só bocada. Espalhe recipientes para os palitos usados, os copos vazios e os guardanapos. Não ofereça pratos muito quentes.

compras Em lojas de produtos orientais é possível encontrar utensílios muito charmosos.

louça Para servir os canapés, use pratos, tigelas, bandejas de laca e cestinhas de bambu. Deixe os canapés na cozinha e arrume-os em travessas à medida que for servindo. Coloque poucas porções por vez, pois ninguém gosta de comer os que restaram.

bebidas Para animar a festa, comece servindo um coquetel forte. Experimente: **coquetel de champanhe.** Em um copo, coloque um cubo de açúcar e algumas gotas de angustura. Acrescente um pouco de conhaque e mexa. Complete com champanhe. **vodca martíni** Despeje vermute no copo e faça movimentos circulares. Despreze o vermute e complete o copo com vodca batida com gelo, ou apenas gelada, e uma azeitona.

cardápio

teriyaki de amêndoas e castanhas 22

crostini com abacate e tomate seco 23

batatinhas crocantes com molho de tamarindo 17

espetinhos de berinjela, queijo feta e hortelã 19

sopa de beterraba e leite de coco 54

teriyaki de amêndoas e castanhas vegano

Amêndoas caramelizadas são irresistíveis. Mas, para fazer esse petisco agridoce e crocante, você pode usar nozes-pecãs, castanhas-do-pará, castanhas-de-caju e até amendoins. O segredo é assar no ponto certo e por igual.

Ingredientes

rende 4 porções
300 g / 2 xícaras (chá) de amêndoas inteiras descascadas
3 colheres (sopa) de azeite de oliva
2 colheres (sopa) de shoyu
2 colheres (sopa) de mirin (saquê para uso culinário) ou de sherry
¼ de colher (chá) de pimenta-de-caiena
1 colher (sopa) de sementes de gergelim
1 colher (sopa) de açúcar

preparo

Preaqueça o forno a 220ºC. Espalhe as amêndoas em uma assadeira e leve-as ao forno para tostar por 5 minutos, até que fiquem levemente douradas. Abaixe o forno para 150ºC.

Em uma tigela, junte os demais ingredientes e misture bem. Acrescente as amêndoas tostadas e mexa, envolvendo-as por igual. Despeje tudo na assadeira e leve ao forno por 20 a 25 minutos, misturando a cada 5 minutos, até o líquido secar e se tornar uma cobertura escura, grossa e grudenta, que vai vitrificar as amêndoas.

Deixe as amêndoas esfriarem na assadeira. Com uma espátula, solte-as. Quebre os torrões maiores, mas deixe algumas amêndoas grudadas. Coloque-as num prato e sirva. Mantenha guardanapos por perto.

crostini com abacate e tomate seco vegano

Use tomates secos comprados a granel, pois são mais macios, brilhantes e suculentos –, mas, se preferir, use o tomate seco embalado. O purê de abacate fica melhor se preparado 4 horas antes de servir.

ingredientes

rende 20 crostinis
azeite de oliva para pincelar
20 fatias grossas (1 cm) de baguete ou ciabatta
1 abacate grande ou 2 avocados (sem casca e sem caroço)
suco de 1 limão-taiti
1 dente de alho amassado
1 colher (chá) de cominho moído
uma pitada de sal
½ colher (chá) de pimenta vermelha em pó ou pimenta-do-reino moída na hora
20 tomates secos
cebolinha cortada em pedaços de 2 cm

preparo

Para o crostini, preaqueça o forno a 180°C. Unte uma assadeira com azeite de oliva, arrume as fatias de pão e regue-as com um pouco de azeite. Leve-as ao forno por 10 minutos, ou até ficarem ligeiramente douradas e crocantes. Deixe esfriar e guarde num recipiente fechado até a hora de usar.

Coloque o abacate, o suco de limão, o alho, o cominho, o sal e a pimenta em uma tigela grande e bata com o mixer até virar um purê. Cubra com filme PVC e mantenha na geladeira.

Para montar os canapés, coloque uma colher do purê sobre cada torrada, sem achatar muito. Cubra com um tomate seco e decore com a cebolinha.

no alto, tortinhas de alcachofra; abaixo, trufas de berinjela e azeitonas

tortinhas de alcachofra

Estas tortinhas crocantes e com um toque de queijo parmesão têm gosto de quero mais – e ninguém vai perceber que foram preparadas com pão de fôrma comum. São tão simples, que dá para fazer um monte delas.

ingredientes

rende 24 tortinhas

12 fatias de pão de fôrma
manteiga para passar no pão
400 g de corações de alcachofra em conserva, escorridos e picados
60 g de parmesão ralado fino na hora
2 pimentões verdes graúdos sem sementes e picado fino
3 colheres (sopa) cheias de maionese
uma pitada de sal
pimenta-do-reino moída na hora

preparo

Preaqueça o forno a 220ºC. Com um cortador de biscoito de 5 cm de diâmetro, corte 2 círculos em cada fatia de pão. Passe bastante manteiga em um dos lados. Coloque o círculo de pão em uma forminha para torta antiaderente, com o lado da manteiga virado para baixo, e pressione firmemente o fundo e a lateral com a ponta dos dedos.

Misture bem os demais ingredientes. Espalhe uma colher da mistura sobre cada tortinha. Asse por cerca de 12 a 15 minutos, até ficarem douradas e crocantes. Deixe esfriar antes de tirar da fôrma. Sirva quente.

trufas de berinjela e azeitonas

À primeira vista, estas trufas se parecem com bolinhos de carne, mas quase flutuam no prato de tão leves – o segredo é servi-las assim que saem do forno. A massa pode ser feita com um dia de antecedência.

ingredientes

rende 24 trufas

1 berinjela grande (500 g aproximadamente)
2 colheres (sopa) de azeite de oliva
55 g / ½ xícara (chá) de pinholes
20 azeitonas calamata sem caroço picadas
4 colheres (sopa) de migalhas de pão amanhecido
6 colheres (sopa) de parmesão ralado na hora, mais 2 colheres (sopa) para polvilhar
2 colheres (sopa) de salsinha fresca picada
1 dente de alho graúdo amassado
1 ovo batido
manteiga para untar
para decorar (opcional):
salsinha fresca picada
lascas de queijo parmesão

preparo

Preaqueça o forno a 230°C. Corte a berinjela ao meio no sentido do comprimento e pincele com azeite de oliva. Leve ao forno por cerca de meia hora, aproximadamente, até a berinjela dourar e ficar bem macia. Deixe esfriar, tire e despreze a casca, picando a polpa fino. Abaixe o forno a 200°C.

Em uma tigela, misture a berinjela picada, os pinholes, as azeitonas, as migalhas de pão, o queijo parmesão, a salsinha, o alho e o ovo, e deixe descansar por 10 a 15 minutos.

Faça bolinhas com a massa e polvilhe-as com queijo parmesão.

Unte uma assadeira e coloque as bolinhas. Asse por 15 a 20 minutos, até dourarem. Sirva quente. Se desejar, decore com salsinha picada e lascas de parmesão.

2
alimente a massa

tigelas e pratos grandes e substanciosos, para comer com a mão ou com palitos

espetinhos de tortellini com azeite aromatizado 29
vegetais com molho de gergelim + sal de erva-doce 31
travessa de hortaliças grelhadas 32
risoni com brócolis e limão 37
vagens adocicadas 38
tajine com sete legumes + cuscuz de salsinha e açafrão 40
torta gigante de espinafre e queijo 43
aspargos assados e ovos marmorizados 44

Cozinhar para muitos é sinal de celebração importante — casamento, festa de aniversário, formatura. Nessas ocasiões, não se oferece sanduíches; a comida dá vida a uma festa. Cozinhar para muita gente é um tanto assustador mas também bastante divertido e gratificante. Só não conte com o "milagre da multiplicação dos pães e peixes"; planeje o cardápio com sensibilidade e muita organização e tudo correrá muito bem.

A melhor estratégia para alimentar multidões é um bufê de cair o queixo, porém, simples. Elabore um cardápio com não mais de quatro ou cinco pratos que possam ser consumidos de pé, com apenas um garfo. O contraste de texturas, as cores e os aromas precisam causar impacto ao simples olhar. Ofereça uma ou duas delícias para "entreter" os convidados enquanto o bufê não é servido, mas evite coisas complicadas. Providencie um pão de bom tamanho, acompanhado de queijo, uma ou duas sobremesas e frutas da estação. Lembre-se de que pessoas alegres e com fome se tornam gulosas e acabam comendo mais do que deviam.

A ironia de alimentar uma multidão é que o tempo para cozinhar para cem é o mesmo que para mil. A boa comida deve ser fresca e o preparo em si não deve levar mais do que três dias antes da comemoração. A solução? Delegar! Consiga gente para lhe dar uma mão. Para poupar energia, peça que as compras sejam entregues no local do evento, encomende uma das sobremesas em uma boa confeitaria e compre tortinhas, macarons e petit-fours variados.

Procure estar com o corpo e a mente descansados quando a maratona começar. Liste as tarefas necessárias e procure cumpri-las. Faça algumas pausas, respire fundo, beba muita água e alimente-se. Você precisa se manter atenta, a todo vapor, mas também tem o direito de se divertir!

espetinhos de tortellini com azeite aromatizado

Ao cozinhar para muita gente, o anfitrião pode – e deve – oferecer guloseimas preparadas por profissionais (ou máquinas) – o tortellini é um bom exemplo. O tempo para fazer um tortellini caseiro pode ser mais bem empregado em outros afazeres. Há uma variedade de massas deliciosas em qualquer supermercado, no entanto, se quiser ser um pouco extravagante, compre o tortellini em uma casa especializada. Muito bem apresentados, fáceis de consumir e bastante substanciosos, esses espetinhos são perfeitos para comer sem talheres.

ingredientes
rende 24 espetinhos
48 tortellini recheados com queijo
300 g de mozarela de búfala picada grosseiramente
24 azeitonas de boa qualidade sem caroço
12 tomates secos em conserva cortados ao meio
para o azeite:
20 folhas de manjericão fresco
20 folhas de salsinha fresca
80 ml de azeite de oliva extravirgem

preparo
Passe um pano nos 24 espetinhos de bambu para remover possíveis farpas. Cozinhe os tortellini em grande quantidade de água com sal, até ficarem al dente. Escorra a água, passe-os pela água fria com delicadeza e espalhe-os sobre um pano limpo para secar.

Junte um pedaço de queijo e uma azeitona e envolva-os com uma tira de tomate seco. Enfie um tortellini até quase a ponta do espeto, a seguir o embrulhinho de tomate seco e outro tortellini. (Se estiver com pressa, enfie tudo de modo aleatório – o sabor será esplêndido assim mesmo.) Cubra os espetinhos com filme PVC e conserve-os na geladeira. Devem ser servidos em temperatura ambiente.

Coloque o azeite e as ervas em uma tigela e bata com o mixer até obter uma mistura homogênea. Pouco antes de servir, arrume os espetinhos em uma travessa e regue com esse azeite.

planeje Prepare os espetinhos com 4 horas de antecedência.
superdica Compre mais tortellini do que o indicado, pois alguns podem se desfazer durante o cozimento. Cuidado para não cozinhá-los demais, eles têm de estar al dente. Se não encontrar mozarela de búfala, escolha outro queijo – menos a mozarela borrachenta usada em pizzas.
sirva com Estes espetinhos combinam com qualquer cardápio de toque mediterrâneo.

vegetais com molho de gergelim

Até quem detesta vegetais vai acabar comendo alguns com molho de gergelim. Aliás, todos os que provam aprovam e se surpreendem com o fato de algo tão simples poder ficar divino. Mas atenção: o molho deve ser consumido no dia do preparo, pois o gergelim tende a encharcar com o passar do tempo.

ingredientes

rende de 8 a 10 porções
para o molho de gergelim:
55g / ¼ de xícara (chá) de gergelim cru
125 g / ½ xícara (chá) generosa de iogurte ou coalhada
125 g / ½ xícara (chá) generosa de maionese
3 colheres (sopa) de shoyu
legumes (escolha de 4 a 5 tipos)
batatas cozidas
aspargos verdes cozidos
folhas de endívia
minirrabanetes (com um pedacinho do talo)
ervilhas-tortas ou vagens cozidas

preparo

Para fazer o molho, leve uma frigideira ao fogo brando. Coloque as sementes de gergelim para torrar, mexendo até que fiquem levemente douradas. Despeje numa tigela e deixe esfriar.
Misture o gergelim com os demais ingredientes, mexendo bem. Coloque em uma molheira. Arrume os legumes escolhidos em uma travessa e sirva com o molho e o sal de erva-doce. *(veja abaixo)*

superdica

A maioria dos vegetais pode ser usada para esse prato. Eu sugiro talos de salsão com algumas folhas, minicenouras (cruas ou cozidas al dente), buquezinhos de brócolis ou de couve-flor cozidos al dente; erva-doce cortada em tiras largas.

sal de erva-doce vegano — Este sal combina muito bem com o molho de gergelim e fica perfeito com tomates-cerejas e pepinos!

ingredientes

1 colher (sopa) de sal grosso; 8 grãos de pimenta-do-reino; 1 colher (chá) de erva-doce; 1 colher (chá) de coentro em grão; ½ colher (chá) de pimenta vermelha em pó (opcional).

preparo

Misture todos os ingredientes e triture-os em um pilão. Coloque o sal em uma tigelinha e sirva, acompanhando os vegetais.

travessa de hortaliças grelhadas

Esta farta e suculenta travessa de hortaliças viçosas acompanhadas de uma marinada de mozarela vai desaparecer num instante. A fumaça na cozinha será inevitável (abra as janelas), mas é justamente ela que dá o toque especial. Como alternativa, use uma grelha de churrasco, fora de casa. Todos os legumes ficam gostosos na grelha, mas as raízes devem ser escaldadas antes.

ingredientes

rende de 8 a 10 porções
400 g de vagens-macarrão com as pontas aparadas
4 talos grandes ou 8 pequenos de endívia cortados ao meio
4 bulbos de erva-doce aparados e cortados em fatias grossas
floretes de 2 brócolis
4 colheres (sopa) de azeite de oliva, mais um pouco para regar
sal e pimenta-do-reino moída na hora
suco de 1 a 2 limões-sicilianos
500 g de mozarela de búfala cortada grosseiramente
2 dentes de alho
1 colher (chá) de sal
um punhado de salsinha fresca picada
folhas de 1 ramo de manjericão fresco rasgadas

preparo

Leve a chapa ao fogo alto por 10 minutos. Em uma tigela, coloque um dos vegetais e regue-o com azeite de oliva, virando-o com as mãos para besuntá-lo por igual. Leve um tipo de vegetal de cada vez à chapa, até ficar tenro e tostado.

Depois de grelhados, coloque os vegetais em uma tigela, separadamente. Tempere-os com sal e pimenta-do-reino. Esprema o limão nas vagens-macarrão, nas endívias e na erva-doce enquanto estiverem quentes. Não use limão nos floretes de brócolis, pois eles podem perder a cor. Deixe que esfriem e mantenha-os na geladeira até a hora de usar.

Coloque os pedaços de mozarela em uma tigela. Amasse o alho e o sal num pilão. Transfira para uma tigela, junte a salsinha, o manjericão e o azeite, misturando bem. Despeje a marinada sobre a mozarela, mexendo com cuidado. Leve à geladeira pelo menos por 1 hora. Arrume os legumes em uma travessa com a mozarela e sirva imediatamente.

planeje Este prato pode ser preparado com um dia de antecedência. Guarde os legumes já frios em sacos plásticos, separados.

superdica A mozarela de búfala é a ideal para esta receita. Se for difícil de encontrar, escolha uma feita de leite de vaca com consistência macia. Mesmo depois de temperada, conserve-a na geladeira até o momento de servir.

sirva com Salada verde e bastante pão caseiro.

o bufê da festa

— A apresentação dos pratos pode provocar muitos elogios. Arrume a mesa da esquerda para a direita, de modo que as pessoas se sirvam em uma direção. No início, disponha uma pilha de pratos seguidos dos talheres envolvidos em guardanapos. Não ponha as travessas de comida muito juntas – dê um espaço entre elas. O prato que você considera de maior sucesso deve ficar no final, para desencorajar a gula. Não se esqueça das colheres para servir, e não use colheres gigantes.

Em vez de fazer um molho separado, regue uma salada verde despretensiosa com um bom vinagre balsâmico e azeite de oliva, salpicando pimenta-do-reino e sal.

compras   Se há coisas que podem ser entregues em casa, prefira a entrega. Um dia antes da comemoração, termine todas as compras. Se tiver que cozinhar por mais de um dia, tente comprar tudo de uma vez antes de começar, mas lembre-se dos itens perecíveis – guarde os laticínios e produtos resfriados imediatamente na geladeira. Evite aquela confusão de saquinhos plásticos, que dificultam enxergar as compras.

louça   Se o orçamento permitir, alugue louças, talheres e copos, mas lembre que tudo deve ser devolvido limpo.

bebidas   Se oferecer às pessoas vinho branco e champanhe, adivinhe o que vai acabar primeiro? Caso tenha que limitar os espumantes, sirva-os primeiro, sozinhos, depois mude para o vinho. Providencie taças próprias para champanhe e para vinho.

cardápio

aspargos assados e ovos marmorizados 44

risoni com brócolis e limão 37

travessa de hortaliças grelhadas 32

vagens adocicadas 38

salada verde 34

pão e queijo

risoni com brócolis e limão vegano

O risoni é uma massa saborosa em forma de arroz. Essa salada cítrica de massa exala um aroma fresco. É substanciosa mas leve, portanto uma refeição completa ou um delicioso acompanhamento, o que a faz ser um prato versátil, perfeito em um bufê.

ingredientes

rende de 8 a 10 porções
raspa de 4 limões-sicilianos
200 ml / ¾ de xícara (chá) de suco de limão-siciliano (4 limões, aproximadamente)
4 echalotas ou cebolas-brancas fatiadas fino
sal e pimenta-do-reino moída na hora
1 colher (chá) de açúcar
100 ml / 1/3 de xícara (chá) de azeite de oliva
1 brócolis de mais ou menos 500 g cortado em buquês pequenos sem o talo
100 g de ervilhas-tortas sem as pontas
500 g de risoni
55 g de sementes de abóbora
100 g de ervilha fresca (na vagem) fatiada
um punhado de salsinha fresca
20 tomates secos escorridos e cortados em tiras

preparo

Preaqueça o forno a 200ºC. Leve à fervura uma caçarola grande com água e sal.

Em uma tigela, coloque as raspas e o suco de limão, acrescente as echalotas, o sal, a pimenta-do-reino e o açúcar, depois misture o azeite. Reserve. (As echalotas devem ficar de molho por alguns minutos para amaciar.)

Escalde os buquês do brócolis e as ervilhas-tortas em água quente por 2 minutos. Tire-os da água com uma escumadeira e mergulhe-os numa tigela de água gelada. Deixe esfriar e escorra a água.

Cozinhe o risoni por 6 a 8 minutos, mexendo sempre, até ficar al dente. Escorra a massa e enxágue em água corrente até esfriar. Escorra bem e coloque em uma tigela grande, misturando com as echalotas temperadas. Reserve.

Em uma assadeira, leve as sementes de abóbora ao forno preaquecido a 180ºC por 5 minutos, até dourarem. Deixe esfriar.

Acrescente as ervilhas, a salsinha e os tomates secos à tigela do risoni, misturando bem. Pouco antes de servir, junte o brócolis, as ervilhas-tortas e as sementes de abóbora tostadas.

planeje

Este prato pode ser preparado um dia antes, acrescentando o brócolis, as ervilhas-tortas e as sementes de abóbora no momento de servir.

vagens adocicadas veganas

Fica mais fácil alimentar uma multidão com este suculento prato de vegetais. Esta salada pode ser feita com muita antecedência, pois fica mais saborosa a cada dia – escolha um bom vinagre balsâmico para curti-la. Além disso, tem uma boa relação custo/benefício. As castanhas portuguesas são o ingrediente surpresa da salada, e conferem um toque levemente adocicado em meio às vagens crocantes e agridoces.

ingredientes

rende de 10 a 12 porções

para a salada:

500 g de feijões e favas variadas

200 g de vagens-macarrão ou vagens-manteiga cortadas em pedaços pequenos

225 g de castanhas portuguesas cozidas e escorridas

1 pimentão verde cortado em pedaços pequenos

1 cebola roxa fatiada fino

para a marinada:

125 ml de vinagre balsâmico

85 g / menos de ½ xícara (chá) de açúcar

3 dentes de alho amassados

2 colheres (chá) de sal

pimenta-do-reino moída na hora

125 ml / ½ xícara (chá) de azeite de oliva

preparo

Na véspera, deixe os feijões e as favas de molho em água fria. Depois, escorra e ferva-os separadamente em água fresca. Em média, deixe-os na fervura por 10 minutos, e em seguida cozinhe em fogo brando por mais 50 minutos, até que fiquem macios, porém inteiros. Para verificar se está bom, experimente. Escorra bem.

Leve à fervura outra caçarola. Escalde as vagens por 2 minutos, escorra e resfrie-as em uma tigela com água gelada.

Enquanto isso, prepare a marinada, batendo todos os ingredientes, com exceção do azeite de oliva. Junte o azeite gradualmente para obter uma emulsão.

Despeje os grãos escorridos em uma travessa rasa e larga, regue-os com a marinada enquanto ainda estão quentes. Deixe esfriar, depois acrescente as vagens escaldadas, as castanhas, o pimentão e a cebola roxa. Mexa bem. Cubra com filme de PVC e leve à geladeira pelo menos por 24 horas ou mais, de preferência, misturando de vez em quando. Esta salada pode ficar dias na geladeira.

planeje Comece o preparo desta receita pelo menos 36 horas antes de servir.

superdica Esta receita rende bastante. Como parte de um bufê com várias saladas frias, já servi 150 pessoas preparando o equivalente a 8 vezes essa receita. Antes de cozinhar os feijões e as favas, leia as instruções da embalagem.

A marinada pode ser preparada com um mixer, mas misture o azeite à mão para obter um molho de aspecto agradável.

tajine com sete legumes vegano

O número 7 é para dar sorte. Aliás, este prato nunca me deixou na mão. Uma sinfonia de aromas, esbanjando cor. Em termos práticos, é o sonho de qualquer cozinheiro. Asse os legumes com os temperos até ficarem doces e macios, depois misture um molho encorpado. Saia de cena e deixe que o prato "amadureça" até o dia seguinte... depois é só aquecer e devorar.

ingredientes

rende de 8 a 10 porções
300 g de batata-doce descascada cortada em cubos
300 g de cenoura descascada cortada em fatias
300 g de talos de aipo cortado em pedaços
1 pimentão vermelho e 1 pimentão amarelo cortados em cubos
1 bulbo de erva-doce grande cortado em pedaços
1 cebola roxa grande cortada em cubos
1 berinjela média cortada em fatias
3 colheres (sopa) de azeite de oliva
1 colher (sopa) de cominho
1 colher (copa) de erva-doce
sal e pimenta-do-reino moída na hora

para o molho:
4 dentes de alho picados
3 colheres (sopa) de azeite de oliva
400 g de tomates em lata picados
400 g de grão-de-bico cozido
250 ml / 1 xícara (chá) bem cheia de vinho tinto encorpado
raspas e suco de 1 laranja
2 paus de canela
12 ameixas secas sem caroço cortadas ao meio

para servir:
cuscuz de salsinha e açafrão (veja abaixo)
harissa (pasta apimentada, opcional)
iogurte (não sirva para veganos)

preparo

Preaqueça o forno a 220°C. Coloque todos os legumes em uma fôrma funda e regue-os com o azeite. Junte o cominho, a erva-doce, o sal e a pimenta-do-reino, mexendo bem. Leve ao forno por cerca de meia hora, mexendo de vez em quando, até que fiquem macios e caramelizados.

Para preparar o molho, frite o alho no azeite. Acrescente os demais ingredientes e cozinhe tudo em fogo brando, até engrossar. Se o molho ficar muito grosso, dilua-o com um pouco de água. Retire o molho do fogo e junte-o às verduras. Cubra a fôrma e deixe-a em um lugar fresco até o dia seguinte.

Esquente bem o tajine e sirva com o cuscuz, acompanhado de harissa e iogurte.

cuscuz de salsinha e açafrão vegano — Ideal para servir com tajine, mas também muito bom sozinho.

ingredientes

rende 8 a 10 porções 75 g / ½ xícara (chá) de uvas-passas brancas; 500 g de cuscuz marroquino; 2 colheres (chá) de açafrão; 140 g / 1 xícara (chá) de amêndoas inteiras tostadas; 2 punhados de folhas de salsinha fresca; raspas e suco de 3 limões; 6 colheres (sopa) de azeite de oliva; 1 colher (chá) de sal; pimenta-do-reino moída na hora.

preparo

Coloque as passas de molho em água quente por 15 a 20 minutos, escorra e reserve. Junte o cuscuz seco, o açafrão e o sal em um recipiente grande e acrescente água quente o suficiente para cobrir. Deixe crescer por 5 minutos, depois solte os grãos delicadamente. Transfira os ingredientes para uma tigela de servir, misturando bem o cuscuz, as passas, as amêndoas, a salsinha e os temperos. Sirva imediatamente.

torta gigante de espinafre e queijo

Eis aqui a receita definitiva de spanakopita (torta de espinafre), que minha amiga Carla Lowis aprendeu com sua mãe grega e me ensinou. É um prato perfeito para receber, é fácil dobrar a receita, e sempre chama a atenção de todo mundo, tornando-se a estrela do cardápio.

ingredientes

rende de 10 a 12 porções

para o recheio:
- 2 colheres (sopa) de azeite de oliva
- 6 cebolinhas, inclusive a parte branca, picadas
- 750 g de espinafre fresco lavado e escolhido ou folhas de espinafre congelado
- 350 g / 1½ xícara (chá) de queijo cottage escorrido, para tirar o excesso de soro
- 500 g / 2 xícaras (chá) de queijo feta esmigalhado
- 3 colheres (sopa) de endro fresco picado
- 3 colheres (sopa) de salsa fresca picada
- sal e pimenta-do-reino moída na hora

para a massa:
- 14 folhas largas de massa filo
- 6 colheres (sopa) de azeite de oliva
- 150 g de manteiga derretida

preparo

Preaqueça o forno a 180ºC. Para o recheio, aqueça o azeite em fogo brando a médio numa frigideira grande. Acrescente as cebolinhas e refogue até ficarem translúcidas e macias. Junte o espinafre e continue refogando para que amoleça (se estiver usando espinafre congelado, deixe no fogo para aquecer por igual). Escorra em uma peneira, espremendo para retirar bem o líquido. Deixe esfriar, depois transfira para um pano limpo e esprema o excesso de líquido do espinafre. Pique grosseiramente.

Em uma tigela, junte o espinafre e os demais ingredientes, misturando bem. Verifique o tempero.

Abra a massa filo e acerte o tamanho para que caiba em uma fôrma retangular grande e funda. Cubra a massa com um pano úmido para não ressecar. Misture o azeite com a manteiga derretida e pincele a fôrma. Disponha uma camada de massa filo no fundo, pincele com a mistura de manteiga e azeite, cubra com outra camada de massa; repita até completar as 7 camadas. Despeje o recheio, espalhando-o por igual.

Sobre o recheio, faça mais 7 camadas de massa filo, pincelando a torta com a mistura de azeite e manteiga. Em seguida, corte-a em quadrados ou losangos com uma faca bem afiada.

Asse a torta por 45 minutos a 1 hora, aproximadamente, até que todas as camadas estejam douradas e crocantes e o recheio, chiando. Antes de servir, passe a faca novamente nos cortes.

planeje   O recheio pode ser feito 2 dias antes. A torta pronta pode ser congelada, descongelada e reaquecida.

superdica   O recheio tem tendência a ficar úmido, por isso retire bem a água do espinafre e escorra o queijo cottage com antecedência.

sirva com   Salada e pão ou vagens adocicadas (p. 38).

aspargos assados e ovos marmorizados

Este prato é o preferido na ocasião da Páscoa, quando há tanto o que celebrar! Este método fascinante de cozinhar os ovos tem origem numa antiga receita judaica. Para mim, os ovos marmorizados, além de surpreendentes, carregam um simbolismo romântico – fertilidade e renascimento. Em geral, eu fatio e caramelizo as cebolas que sobraram e preparo uma sopa ou uma torta saborosa com elas.

ingredientes
rende 12 porções
12 cebolas (reserve as cascas)
12 ovos caipiras
3 colheres (sopa) de óleo de girassol
4 a 5 maços de aspargos frescos aparados
azeite de oliva para regar
sal e pimenta-do-reino moída na hora

preparo
Numa panela de tamanho suficiente, faça uma camada de cascas de cebola e coloque os ovos lado a lado, por cima. Cubra-os com mais cascas, preenchendo os espaços entre eles. Encha a panela de água até pelo menos 2 cm acima dos ovos. Acrescente o óleo de girassol e leve ao fogo até ferver; abaixe o fogo.

Depois de cerca de meia hora, retire os ovos da água quente com uma escumadeira. Usando uma colher, bata nas cascas delicadamente, sem retirá-las. Recoloque-os na mesma água e cozinhe em fogo brando por 5 a 6 horas, completando com mais água, se necessário, embora o óleo deva impedir a evaporação. Deixe os ovos esfriarem nesse líquido, depois escorra e retire a casca, deixando à mostra a linda superfície marmorizada. Conserve-os na geladeira até o momento de servir.

Preaqueça o forno a 220ºC. Coloque os aspargos em uma assadeira e regue-os com azeite. Com as mãos, espalhe bem o azeite. Asse os aspargos por 10 a 15 minutos, até que estejam no ponto de sua preferência – o ideal é que fiquem macios, mas ainda firmes. Tempere com sal e pimenta-do-reino a gosto. Sirva frio ou quente com os ovos marmorizados.

planeje Os ovos podem ser preparados até dois dias antes da comemoração. Os aspargos, com até 4 horas de antecedência.
superdica Corte a base do aspargo, pois isso vai garantir que ele fique mais macio.
sirva com Molho de gergelim (ver vegetais com molho de gergelim, p. 31).

3
entradas

para um início de refeição esplêndido ou como acompanhamento de refeições especiais

miniberinjelas condimentadas com iogurte mentolado 49
salada tailandesa na casquinha 51
abacate com um toque de gengibre 52
sopa de abóbora assada com tamarindo 53
sopa de beterraba e leite de coco + molho de pepino 54
sopa de abacate gratinada 59
salada quente de cogumelos com molho cremoso de alcaparras 60
palmito de pupunha no mel e salada de pera 61
pão caseiro de mel e sementes + fondue de queijo brie 62

A região do Mediterrâneo, ensolarada e rica em azeite de oliva é a origem espiritual das entradas. Essas pequenas porções destinam-se a estimular o apetite nas preguiçosas tardes de sol regadas a vinho gelado. E como a fertilidade do Mediterrâneo oferece uma seleção exuberante de ingredientes, muitas das entradas são vegetarianas. De preparo simples, a intenção é realçar a beleza natural dos ingredientes principais. No Mediterrâneo, as pessoas realmente conhecem o significado de fazer do alimento um prazer na vida.

Como queremos nos alimentar de modo leve e saudável, adotamos os pratos do Mediterrâneo devido à riqueza em vitaminas e ao benéfico azeite de oliva, além dos seus sabores radiantes. Mas também podemos abraçar o costume de estimular o apetite e mantê-lo desperto com muitas pequenas entradas, em vez de extingui-lo com um prato grande e pesado. Essa é uma tradição fértil também na Ásia. É um jeito de se alimentar bastante interessante, e, quando se é o anfitrião, uma maneira provocativa de cozinhar.

Todas as receitas deste capítulo podem ser apreciadas como entradas para uma refeição maravilhosa, como parte de uma reunião com vários pratos leves, ou apenas como uma refeição ligeira e simples. Elas tanto podem ser servidas numa travessa ou em porções individuais. Se os convidados são muitos, prefira montar pratos individuais e arrume-os na mesa do jantar. Todo anfitrião deseja mimar seus convidados, mas seja criterioso quando oferece muitos pratos. Faça um cuidadoso intervalo entre eles, de modo que cada mordida possa ser apreciada.

miniberinjelas condimentadas com iogurte mentolado

Os cozinheiros indianos gostam muito de rechear miniberinjelas. Estas são feitas à moda do sul da Índia e perfumam a casa com um exótico aroma. Escolha berinjelas em forma de gota, com cerca de 6 cm de comprimento, e prepare-as com uma antecedência de 6 horas, acrescentando o molho na hora de servir.

ingredientes

rende de 4 a 6 porções
500 g de miniberinjelas
300 ml / 1 ¼ de xícara (chá) de caldo de legumes
para o óleo aromatizado:
5 colheres (sopa) de óleo de girassol
5 colheres (chá) de sementes de mostarda-preta
4 dentes de alho picado fino
2 a 3 pimentas-malaguetas picadas fino
1 colher (chá) de cúrcuma
2 colheres (chá) de cominho
½ colher (chá) de erva-doce (opcional)
½ colher (chá) de sal
para o molho:
100 ml / ⅓ de xícara (chá) bem cheia de iogurte
um punhado de folhas de hortelã picadas (reserve um pouco para decorar)
suco de 1 limão-taiti
sal e pimenta-do-reino moída na hora

preparo

Inicialmente, prepare o óleo aromatizado. Esquente-o numa panela antiaderente em fogo médio a alto. Acrescente as sementes de mostarda e, quando elas começarem a pular, adicione os demais ingredientes. Retire imediatamente a frigideira do fogo, despeje o óleo numa tigela e deixe esfriar. Limpe a frigideira com papel-toalha, deixando um pouquinho do óleo.

Segure a berinjela sobre uma superfície de trabalho e, com uma faca bem afiada, corte de 3 a 4 fatias, deixando o talo intacto. Se preferir, corte em quatro, mantendo o talo intacto.

Com uma colher, espalhe um pouco do óleo aromatizado (inclusive os temperos) já frio entre as fatias. Prenda as berinjelas com um palito. Arrume-as na panela aquecida e leve-as para fritar em fogo médio, até corarem. Cubra com o caldo de legumes, tampe a panela e abaixe o fogo. Deixe cozinhar por 10 a 15 minutos, até ficarem macias (deve ser fácil espetá-las com um palito). Tire a tampa e aumente ligeiramente o fogo, para engrossar o caldo que sobrou.

Para o molho, misture os ingredientes. Espalhe-o no prato e coloque as berinjelas sobre ele, regando com o caldo que sobrou na panela, e decore com a hortelã picada. Sirva quente ou frio.

salada tailandesa na casquinha vegana

Esta salada crocante e perfumada realmente desperta o apetite! Eu a criei para o casamento de uma amiga, no verão. Colocada sobre o prato de cada convidado, a saladinha colorida parecia fazer parte da decoração. Ela é muito simples. Poce ser feita para muita gente, mas também impressiona em eventos menores e menos formais.

ingredientes

rende de 8 a 10 porções

para o molho:

100 ml / ⅓ de xícara (chá) de xarope de glicose de milho

2 colheres (sopa) de suco de limão-taiti

¼ de xícara (chá) de shoyu light

2 dentes de alho

2 a 3 pimentas-malaguetas pequenas frescas fatiadas

3 talos de capim-cidreira picados (opcional)

raspas de limão (opcional)

para a salada:

225g / menos de 2 xícaras (chá) de repolho roxo cortado

1 pimentão vermelho sem sementes picado

350 g / 2 xícaras (chá) de brotos de feijão

8 cebolinhas cortadas na diagonal

200 g de castanhas portuguesas cozidas, descascadas e fatiadas

4 latas de palmito de pupunha, escorrido e fatiado na diagonal

4 ramos de hortelã fresca desfolhados

10 folhas de alface-americana lavadas e bem secas

25 g / 3 colheres (sopa) de gergelim torrado

2 limões-taiti cortados em gomos

8 a 10 flores comestíveis, como amor-perfeito, capuchinha, calêndula (opcional)

óleo para fritar

10 círculos de massa de pastel fresca

preparo

Coloque todos os ingredientes do molho em uma tigela e bata com o mixer até obter um creme homogêneo. Reserve. Misture delicadamente os primeiros 7 ingredientes da salada e conserve-os frescos.

Em uma frigideira funda, aqueça bem cerca de 10 cm de óleo (190°C). Com uma espátula, coloque a massa de pastel no óleo e imediatamente pressione-a no centro com uma concha, de forma que o círculo de massa forme uma cestinha. Deixe esfriar de cabeça para baixo sobre papel-toalha. Frite uma "cestinha" de cada vez.

Forre cada cestinha com uma folha de alface. Misture o molho nas verduras e coloque uma colherada da salada em cada uma. Salpique sementes de gergelim e decore com gomos de limão e flores comestíveis (se desejar).

planeje

As cestinhas de massa de pastel podem ser fritas 2 horas antes e guardadas em um local seco, cobertas.

abacate com um toque de gengibre vegano

Se existe uma maneira de aprimorar o divino sabor amanteigado de um abacate maduro, eu tenho a receita. É surpreendente a afinidade entre o gengibre e o abacate. Prepare o mais próximo possível da hora de servir.

ingredientes

rende 6 porções
3 abacates maduros (ou 6 avocados)
suco de 1 a 2 limões-sicilianos
2 colheres (sopa) de shoyu
1 colher (sopa) de vinagre balsâmico
2 colheres (chá) de gengibre fresco ralado
pimenta-do-reino moída na hora
raminhos de endro para decorar

preparo

Corte os abacates ao meio e tire o caroço. Para tirar a casca inteira de uma metade, mergulhe uma colher grande em uma caneca com água quente por alguns segundos. Em seguida, deslize-a rapidamente entre a casca e a polpa do abacate. O calor da colher vai derreter um pouco a polpa, de modo que será possível tirá-la de uma só vez. Outro jeito é cortar os abacates em quartos e tirar a casca. Esprema o suco de limão, espalhe em todo o abacate e disponha-o numa travessa ou prato individual.

Misture o shoyu, o vinagre e o gengibre e regue o abacate, ou coloque esse molhinho no buraco do caroço. Salpique a pimenta-do-reino e decore com um raminho de endro.

sopa de abóbora assada com tamarindo vegana

Para ter uma ideia da textura dessa sopa, imagine se fosse possível saborear veludo! Para prepará-la, providencie uma moranga bem carnuda ou uma abóbora.

ingredientes

rende de 4 a 6 porções
1 quilo de polpa de abóbora-moranga, descascada e sem sementes cortada em pedaços graúdos
1 colher (chá) de coentro em grão
1 colher (chá) de cominho
6 dentes de alho
1 gengibre fresco com cerca de 6 cm descascado e picado
sal e pimenta-do-reino moída na hora
3 a 4 colheres (sopa) de azeite de oliva extravirgem
1 litro / 4 xícaras (chá) de caldo de legumes
2 colheres (sopa) de purê de tamarindos (p. 17) ou 1 colher (sopa) de shoyu ou 2 colheres (chá) de molho inglês

para decorar (opcional):
creme de leite fresco ou iogurte natural
sementes de abóbora sem casca

preparo

Preaqueça o forno a 200°C. Coloque a abóbora em uma assadeira e tempere com os grãos, o alho, o gengibre, o sal e a pimenta-do-reino. Regue com o azeite de oliva e mexa bem para envolver todos os pedaços. Asse por 30 a 40 minutos, virando de vez em quando, até a abóbora ficar macia.

Deixe esfriar um pouco, transfira para uma panela e acrescente o caldo de legumes e o purê de tamarindos. Leve à fervura e depois cozinhe em fogo brando por 10 minutos. Quando a abóbora estiver macia como um purê, sirva em tigelas aquecidas com um pouco de creme de leite ou iogurte. Salpique as sementes de abóbora.

sopa de beterraba e leite de coco vegana

Esta sopa é espetacular! No sul da Índia, de onde vem a inspiração para esta exótica receita, eles costumam usar a beterraba com o leite de coco, sabores que combinam muito bem. Sirva essa sopa em cumbucas, como entrada, ou em canecas.

ingredientes

rende de 4 a 6 porções
500 g de beterraba fresca bem lavada e escovada
1 vidro de leite de coco
1 litro / 4 xícaras de caldo de legumes
4 dentes de alho cortados grosseiramente
1 colher (chá) de cominho
raspas de 1 limão-siciliano
suco de ½ limão-siciliano
para servir:
molho de pepino (veja a seguir)
pão sírio torrado ou pão sueco ou chapati

preparo

Leve à fervura uma grande caçarola com água e sal. Acrescente a beterraba e deixe ferver por 30 a 40 minutos, até que ela fique macia (espete com um palito ou faca). Escorra, enxágue em água corrente e remova a casca. Corte grosseiramente.

Na mesma caçarola, leve o caldo de legumes à fervura, acrescente o leite de coco e misture bem.

Coloque no liquidificador a beterraba, o alho, o cominho, as raspas e o suco de limão e 200 ml (¾ de xícara das de chá) de água. Bata até virar purê. Se for preciso, acrescente um pouco do caldo de legumes com coco.

Transfira o purê para a panela onde está o caldo. Deixe ferver e depois cozinhe em forno brando por 10 minutos. Sirva em tigelas aquecidas com um colherada de molho de pepino por cima (ver a seguir), acompanhadas de pão sírio ou pão sueco ou chapati.

molho de pepino vegano

ingredientes

1 pedaço de pepino com cerca de 5 cm, descascado e sem as sementes, picado miúdo; 1 echalota ou cebola branca picada miúdo; 10 folhas de hortelã fresca picadas fino; 1 pimenta-malagueta fresca picada fino; gotas de limão-siciliano; uma pitada de sal.

preparo

Misture bem todos os ingredientes. Espere um pouco antes de usar, para o sabor apurar.

ao receber amigos

— Em uma tarde preguiçosa, fuja do convencional entrada + prato principal + sobremesa, e experimente uma refeição de seis pratos. Se a proposta lhe parece cansativa, reconsidere. Trata-se de um convite à comilança, mas sem formalidades, assim você não gasta muito tempo em compras, nem picando e lavando louça.

A ideia é simples: uma sequência de seis pratos para serem saboreados um depois do outro. Escolha seis preparos fáceis — lembre-se de incluir um doce. Que tal alcachofras cozidas com limão e servidas com algum molho, azeitonas graúdas ou fatias de uma manga madura? Não revele o cardápio a ninguém. É divertido alimentar a expectativa e incitar curiosidade entre um prato e outro.

compras Nada de rigidez ao escolher o cardápio. Deixe a mente aberta, vá até um mercado ou rotisseria, talvez você encontre um queijo especial, uma massa irresistível ou um petisco diferente que nunca ninguém experimentou.

louça Não será preciso muita louça para um evento de seis pratos. Um ou dois pratinhos e talvez uma tigelinha para cada pessoa serão suficientes (nem será preciso lavar a louça antes de dormir).

bebidas A cerveja estimula a alegria mais do que qualquer outra bebida. Compre uma seleção variada de cervejas e ales, e combine-as com cada prato. Se o dia estiver quente, sirva em canecas geladas.

cardápio

abacate com um toque de gengibre 52

sopa de abóbora assada com tamarindo 53

tomates-cereja e fatias de pepino com sal de erva-doce 31

miniberinjelas condimentadas com iogurte mentolado 49

pão caseiro de mel e sementes + fondue de queijo brie 62

castanhas portuguesas ao creme de conhaque com sorvete de baunilha 85

sopa de abacate gratinada

O abacate é temperamental: quando muito maduro, perde em sabor, mas ganha uma deliciosa consistência amanteigada; quando verdolengo, só pode ser apreciado aos pedaços. Como tem um alto índice de gordura, um leve aquecimento desperta o que essa fruta tem de melhor. Inspirada em uma sopa que tomei no México, esta receita é essencialmente um guacamole diluído em caldo quente. É coisa fácil de fazer, só tome cuidado para não cozinhar demais a sopa.

ingredientes

rende de 4 a 6 porções
para a sopa:
suco de 2 limões-taiti
4 abacates médios maduros
200 ml / ¾ de xícara (chá) de creme de leite fresco
1 cebola pequena picada fino
2 tomates sem pele e sem sementes picados
1 dente de alho amassado
1 pimenta-malagueta sem sementes picada fino
sal e pimenta-do-reino moída na hora
750 ml / 3 xícaras (chá) de caldo de legumes quente
para acompanhar:
100 g de nachos sabor queijo
100 g / 1 xícara (chá) de cheddar ou parmesão ralado
4 cebolinhas picadas
100 ml / ½ xícara (chá) de creme de leite com algumas gotas de limão

preparo

Preaqueça o forno ou uma grelha em temperatura alta. Numa tigela, coloque o limão. Retire a polpa do abacate e amasse-a imediatamente com um espremedor de batatas dentro da tigela. Misture o creme de leite, a cebola, os tomates, o alho e a pimenta, e tempere com sal. Leve de 4 a 6 travessas ao forno para aquecê-las ligeiramente.

Junte o caldo à mistura de abacate, lembrando que ele deve estar quente, mas não fervendo. Distribua a sopa entre as travessas aquecidas. Coloque os nachos sobre a sopa e salpique o queijo. Leve as tigelas ao forno ou à grelha apenas até o queijo derreter. Decore com a cebolinha e uma colherada de creme de leite e sirva a seguir.

planeje

A mistura de abacate pode ser preparada duas horas antes. Conserve-a na geladeira coberta com filme de PVC. Antes de adicionar o caldo, deixe-a em temperatura ambiente.

superdica

Você pode servir esta sopa em uma grande sopeira refratária.

salada quente de cogumelos com molho cremoso de alcaparras

Use o cogumelo de sua preferência para esta salada simples, mas sofisticada. Acompanhada de ovos cozidos ou com queijo de coalho grelhado, ela se transforma no prato principal.

ingredientes

4 porções

2 colheres (sopa) de manteiga (25 g aproximadamente)
1 colher (sopa) de azeite de oliva
2 dentes de alho cortados
400 g de cogumelos portobello sem os talos, cortados fino
sal e pimenta-do-reino moída na hora
3 colheres (sopa) de ervas misturadas (alecrim, estragão, tomilho, manjericão e salsinha, por exemplo) cortadas fino
raspas e suco de 1 limão-siciliano

para o molho:

125 g / ½ xícara (chá) de creme de leite fresco
2 colheres (sopa) de alcaparras em conserva
1 colher (sopa) de cebolinha fresca picada
1 a 2 colheres (sopa) de água (opcional)
200 g de folhas variadas
pão crocante para servir

preparo

Numa frigideira grande ou wok, derreta a manteiga com o azeite em fogo moderado. Adicione o alho e frite até dourar. Junte os cogumelos e tempere bem com sal e pimenta-do-reino. Continue fritando e mexendo até ficarem macios. Junte as ervas e frite por mais ou menos 5 minutos, até que o líquido evapore. Esprema ½ limão sobre essa mistura e retire do fogo.

Para fazer o molho, misture todos os ingredientes com as raspas e o que restou do suco de limão. Se quiser, dilua com um pouquinho de água. Disponha os cogumelos sobre um leito de folhas e regue com o molho. Sirva com pão.

palmito de pupunha no mel e salada de pera

Palmito de pupunha, pera e gorgonzola formam um trio harmonioso. Esta salada elegante abrirá uma refeição com estilo. Em termos nutricionais, é bem equilibrada, e pode ser servida como um prato principal leve.

ingredientes

rende 4 porções

4 palmitos de pupunha pequenos (ou cheróvias descascadas) e cortados em quatro no comprimento
2 colheres (sopa) de azeite de oliva
1 colher (sopa) de mel
sal e pimenta-do-reino moída na hora
2 peras cortadas em gomos
4 punhados de rúcula
85 g / ¾ de xícara (chá) de macadâmias tostadas

para o molho:
150 g de gorgonzola (ou um queijo forte)
3 colheres (sopa) de vinagre de vinho branco
125 ml / ½ xícara (chá) de azeite de oliva

preparo

Preaqueça o forno a 200ºC. Disponha os palmitos cortados (ou as cheróvias cortadas) numa assadeira. Regue com o azeite e o mel e tempere com sal e pimenta-do-reino a gosto. Asse-os por mais ou menos 15 minutos, até ficarem tenros e dourarem. Deixe esfriar.

Para o molho, amasse o gorgonzola em uma tigela, junte o vinagre, o azeite e a pimenta-do-reino e misture bem. Acerte o sal.

Em pratos individuais, arrume a rúcula, os palmitos, as peras e as macadâmias. Regue com o molho e salpique mais pimenta-do-reino.

pão caseiro de mel e sementes

Se você aprecia pães rústicos, vai gostar muito deste. Para fazê-lo, é preciso pôr a mão na massa, mas ela não é trabalhosa. Use sementes de linhaça ou de girassol – além de ter gorduras poli-insaturadas benéficas ao organismo, elas têm um sabor crocante delicioso.

ingredientes

rende de 6 a 8 porções
2 colheres (sopa) de mel
300 ml / 1 ¼ de xícara (chá) de água quente
1 colher (sopa) de fermento biológico seco
300 g / 2 xícaras (chá) de farinha de trigo integral
200 g / 1 ½ xícara (chá) de farinha de trigo especial
2 colheres (chá) de sal
2 colheres (sopa) de sementes de abóbora sem casca
2 colheres (sopa) de sementes de girassol
2 colheres (sopa) de sementes de linhaça
manteiga para untar
leite para pincelar (opcional)
1 colher (sopa) de sementes de gergelim preto moídas (opcional)

preparo

Em uma jarra, dilua o mel na água quente. Misture o fermento e deixe em um local quente por cerca de 15 minutos, até espumar.

Misture as duas farinhas em uma tigela. Com uma colher de madeira, junte o sal e as sementes. Aos poucos, vá acrescentando a água do fermento, misturando sempre. Quando a massa ganhar consistência, use as mãos. Trabalhe a massa, para aglutinar bem todos os ingredientes, até desgrudar da tigela. Ela deve ficar macia e elástica. Se sentir que ficou grudenta, acrescente um pouco mais de farinha, aos poucos; se ficou muito seca, ponha um pouquinho de água e sove até alcançar a consistência certa.

Dê o formato que preferir à massa e coloque-a em uma assadeira. Polvilhe com farinha e cubra o pão com um pano úmido. Deixe-a crescer em um local quente por cerca de 1 hora, até que dobre de tamanho. Preaqueça o forno a 200ºC. Com uma tesoura, faça alguns piques no pão, pincele-o com leite e salpique as sementes de gergelim preto moídas, se desejar. Asse por 30 a 40 minutos até que fique dourado e firme, mas macio por dentro. Deixe esfriar sobre uma grade.

fondue de queijo brie

— Se você tem a sorte de conhecer uma boa casa de queijos importados, peça um Vacherin du Mont d'Or Sancey Richard. Se não encontrar, use um queijo macio, maturado, com casca lavada. Depois, é só embrulhar o queijo em papel-alumínio – o objetivo é obter o ardente pecado de um creme em que se possa mergulhar o pão.

ingredientes

rende de 6 a 8 porções; *queijo maturado e macio em caixinha; um pouco de vinho branco.*

preparo

Preaqueça o forno a 200ºC. Tire a tampa da caixa do queijo e despeje um pouco de vinho branco sobre sua casca. Tampe novamente e embrulhe a caixa em papel-alumínio. Coloque-a na grade do meio do forno de 15 a 20 minutos, ou até o queijo derreter por completo. Desembrulhe e mergulhe fatias do pão de mel nesse queijo derretido.

4

almoço e jantar
pratos principais e acompanhamentos

dumpling de ricota e ervas com molho de cogumelos e vodca 67
espetinhos de tofu e manga + berinjela defumada 69
nhoque de batata-doce com molho dolcelatte 70
berinjelas assadas e queijo de coalho com molho de amêndoas 71
cogumelos recheados com aroma trufado 72
tela de aspargos 76
strudel de batata, alho e mozarela defumada 77
cheesecake de ricota e cebola com tomates secos e sálvia 79
gratinado de abóbora e alho 80

O prato principal vegetariano parece ser a pedra no sapato para quem não tem experiência. Se você planeja um cardápio que gira em torno de uma carne, o que oferecer aos vegetarianos? Como criar um "substituto para a carne"?

A resposta é: não crie. Os produtos de soja que imitam carne não funcionam, e a moda dos assados de castanhas e nozes já passou. A maioria dos vegetarianos se contenta com as guarnições de um jantar complementadas por algum prato rico em sabores e, de preferência, com alguma proteína. Não se esqueça, no entanto, de que outras pessoas podem querer partilhar do prato natureba! Prepare o suficiente para todos – não tem graça ficar de fora... como o vegetariano.

Ao criar um cardápio, procure dar a mesma importância a todos os componentes da refeição. Ao servir uma carne, deixe que ela seja um dos elementos, não o principal. Escolha quatro ou cinco pratos que se complementem e tenham várias consistências, por exemplo, coisas crocantes ou torradas, como vagens e amêndoas, contrastando com algo macio e cremoso, como um purê de batatas. Evite as mesmas cores na comida, em especial o marrom, e tente balancear o doce e o amargo. Se o restante do cardápio for muito salgado e condimentado, sirva sempre um prato neutro, como uma salada verde ou legumes no vapor.

Todos os pratos deste capítulo, naturalmente, se encaixam nesse perfil e servem como uma refeição.

dumpling de ricota e ervas com molho de cogumelos e vodca

Os italianos chamariam estes dumplings de "malfatti", que significa "malfeitos". Com sua forma irregular, eles se sobressaem neste molho com vodca e se tornam um prato realmente saboroso. São ideais para completar um jantar: apresente-os chiando numa caçarola sobre uma réchaud ou em uma travessa quente, com parmesão ralado gratinado.

ingredientes

rende 4 porções
300 g de espinafre novo lavado
2 a 6 colheres (sopa) de farinha de trigo
um grande punhado de alguma erva fresca (manjericão, salsinha ou orégano) picada
500 g de ricota escorrida
3 ovos
60 g de queijo parmesão ralado na hora
2 colheres (sopa) de semolina
sal e pimenta-do-reino moída na hora
para o molho:
1 colher (sopa) de cogumelos porcini (10 g aproximadamente)
100 g de manteiga
2 dentes de alho picados
100 ml / ⅓ de xícara (chá) de vodca
queijo parmesão ralado na hora

preparo

Primeiro, prepare os cogumelos para o molho. Em uma tigela, coloque-os na água quente, o suficiente para cobri-los. Deixe-os de molho por 15 minutos, depois escorra, enxágue e pique. Para os dumplings, leve uma caçarola grande com água e sal para ferver, depois abaixe o fogo.

Coloque o espinafre numa peneira ou escorredor e jogue água quente por cima para que amoleça. Aperte bem as folhas para retirar toda a água; em seguida, esprema-o num pano limpo para secá-lo ainda mais. Transfira o espinafre para um processador com os demais ingredientes – comece adicionando 2 colheres (sopa) de farinha e vá batendo aos poucos até misturar bem. Se preferir, pique o espinafre com as ervas e depois misture com os outros ingredientes em uma tigela. A massa deve ficar com a consistência do queijo tipo cottage – em ponto de cair da colher.

Faça um teste: deixe cair na água fervendo em fogo brando uma colher da massa. Não entre em pânico se ela se desfizer, basta adicionar farinha à mistura. Em seguida, despeje colheradas da massa na água e espere de 2 a 3 minutos até que subam à superfície. Coloque os dumplings em uma peneira forrada com papel-toalha para que escorram bem. Conserve-os aquecidos em uma travessa, no forno.

Para o molho, derreta a manteiga em uma frigideira. Adicione o alho e os cogumelos e frite-os por 2 minutos. Fora do fogo, junte a vodca e tempere com sal e pimenta-do-reino. Leve a frigideira à fervura, depois abaixe o fogo por 2 minutos, até o álcool evaporar. Disponha os dumplings sobre o molho e polvilhe generosamente parmesão.

espetinhos de tofu e manga veganos

Com um pouco de criatividade e capricho, o tofu passa de um ingrediente sem graça a algo irresistível. A fritura confere uma deliciosa textura crocante e, como o tofu é esponjoso, ele enxuga o molho picante.

ingredientes

rende de 4 a 5 porções
para o molho:
4 colheres (sopa) de shoyu
2 colheres (sopa) de xarope de glicose de milho ou mel
2 colheres (sopa) de suco de limão-taiti
1 colher (sopa) de gengibre ralado fino

para os espetinhos:
300 g de tofu firme bem escorrido
4 colheres (sopa) de farinha de milho
óleo de girassol para fritar
1 manga madura pequena e firme cortada em cubos
10 folhas de limão ou de louro fresco (opcional)
10 gomos de limão-taiti

preparo

Despeje água quente em 10 espetinhos de madeira e deixe-os esfriar; isso vai evitar que eles se queimem na grelha. Misture todos os ingredientes do molho e reserve.

Espalhe a farinha de milho em uma travessa. Corte o tofu em pedaços de 5 cm x 2 cm e passe-os na farinha, sacudindo o excesso. Em uma frigideira, esquente cerca de 1 cm de óleo sem deixar fumegar. Frite os pedaços de tofu, virando-os com cuidado, até ficarem dourados. Não deixe que eles encostem um no outro, pois podem grudar. Seque-os em papel-toalha rapidamente e depois transfira para uma travessa. Despeje metade do molho sobre os pedaços de tofu e deixe esfriar. Se houver tempo, deixe-os marinando por 1 a 2 horas na geladeira.

Em cada espetinho, enfie um cubo de manga, um pedaço de tofu, uma folha de limão ou de louro (se desejar), outro tofu, outra manga e por fim um gomo de limão. Esquente uma grelha em fogo alto ou esquente a grelha do forno no máximo. Grelhe os espetos, virando-os com uma pinça, até tostarem por igual. Se a chapa estiver quente, esse processo é rápido, pois o tofu já está frito. Aproveite a sobrinha do molho para dar um gostinho a uma guarnição de arroz ou de macarrão instantâneo.

berinjela defumada vegana — Um acompanhamento esplêndido para os espetinhos

ingredientes

1 berinjela média; ¼ de pepino sem sementes e em cubinhos; um punhado de cebolinha fresca picada; 1 pimenta verde sem sementes picada; 2 colheres (sopa) de hortelã fresca picada; 1 colher (sopa) de suco de limão-taiti; 1 colher (sopa) de shoyu light; 1 colher (chá) de açúcar

preparo

Espete um garfo no talo da berinjela e coloque-a com cuidado diretamente na chama do fogão. Vá virando até que ela fique molenga e macia (o vapor vai escapar pelo espaço entre os dentes do garfo). Deixe a casca tostar em alguns pontos. Se preferir, faça furos na berinjela com um garfo e coloque-a na grelha até que fique cheia de bolhas.

Depois de fria, tire a casca da berinjela e pique-a. Mantenha os chamuscados, pois eles vão dar sabor ao prato. Numa tigela, misture-a com os demais ingredientes e sirva.

nhoque de batata-doce com molho dolcelatte

Para variar, em vez de servir o clássico nhoque, substitua a batata comum por mandioca, batata-doce e até abóbora. Para sair ainda mais do convencional, sirva com um molho de queijo minimalista, mas com sabor intenso. Versátil e com bom rendimento, esta receita fica muito apetitosa como primeiro prato.

ingredientes

rende de 4 a 6 porções

para o nhoque:
500 g de batatas-doces escovadas
sal e pimenta-do-reino moída na hora
2 gemas de ovo
75 g / ½ xícara (chá) de farinha de trigo
52 g / ⅓ de xícara (chá) de semolina, mais um pouco para polvilhar

para o molho:
150 ml / ⅔ de xícara (chá) de creme de leite light
200 g de gorgonzola em cubos

preparo

Preaqueça o forno a 220ºC. Fure as batatas-doces e asse-as por 45 minutos a 1 hora, até amolecerem. Espere esfriar um pouco e retire as cascas que restaram.

Passe as batatas pelo espremedor e misture os demais ingredientes. Com as mãos molhadas, faça bolinhas com a massa e disponha-as numa assadeira polvilhada com semolina. Leve à fervura uma grande caçarola de água com sal, despejando nela os nhoques. Deixe-os na água quente por 3 a 4 minutos, até que subam à superfície, e escorra-os.

Para fazer o molho, esquente o creme de leite devagar, sem deixar ferver, e junte o queijo para derreter. Despeje imediatamente numa tigela, moa um pouco de pimenta-do-reino, arrume os nhoques e sirva.

berinjelas assadas e queijo de coalho com molho de amêndoas

Baseado em uma receita italiana do século XV, este molho de sabor exótico leva xarope de romã, que é feito com o suco concentrado da fruta. O prato fica mais delicioso ainda se servido com um queijo branco macio e salgado.

ingredientes

rende 4 porções
2 berinjelas médias
azeite de oliva para pincelar
sal e pimenta-do-reino moída na hora
250 g de queijo de coalho em fatias finas (veganos: usem tempeh)
300 g de folhas de espinafre miúdas lavadas
um punhado de folhas de hortelã fresca rasgadas

para o molho:
4 colheres (sopa) de amêndoas moídas
1 colher (sopa) de xarope de romã (ou vinagre balsâmico) misturada a 4 colheres (sopa) de água
1 colher (chá) de açúcar
1 colher (chá) de canela em pó
1 colher (chá) de gengibre fresco ralado
1 dente de alho pequeno amassado

preparo

Preaqueça o forno a 220°C. Corte cada berinjela em 4 gomos, desprezando o talo. Faça cortes diagonais na polpa, sem furar a casca. Pincele-as por inteiro com azeite de oliva e tempere com sal e pimenta-do-reino a gosto. Asse-as por 15 a 20 minutos, até ficarem macias e douradas. Conserve-as quentes.

Em seguida, doure o queijo dos dois lados em uma frigideira antiaderente, sem gordura. Para fazer o molho, soque os ingredientes num pilão até obter uma pasta homogênea. Se não for logo usado, o molho vai engrossar; dilua-o com um pouco de água, se necessário – deve ficar com a consistência de homus. No prato de servir, arrume o espinafre, a berinjela e o queijo de coalho. Decore com as folhas de hortelã rasgadas. Coloque uma colherada do molho em cima ou do lado da berinjela e sirva.

cogumelos recheados com aroma trufado

Você é louco por cogumelos? Pois então sirva um verdadeiro festival de cogumelos. Muito exóticos e com coloração variada, seu sabor e textura inconfundíveis são difíceis de descrever.

ingredientes

rende 6 porções, ou 3 porções generosas com 2 cogumelos cada

6 cogumelos portobello (ou shimeji) de tamanhos similares, mais 150 g

azeite de oliva

6 colheres (sopa) de azeite trufado, mais 1 ½ colher (sopa)

sal e pimenta-do-reino moída na hora

250 g de cogumelos shitake sem talos

5 dentes de alho picados

125 ml / ½ xícara (chá) de vinho Madeira, sherry ou vermute

2 colheres (chá) de folhas de tomilho frescas

uma pitada generosa de noz-moscada

55 g de queijo parmesão ralado na hora

um punhado generoso de salsinha fresca

preparo

Preaqueça o forno a 200ºC. Corte o talo dos cogumelos que vão ser recheados e pincele o chapéu generosamente com azeite de oliva, colocando-os de cabeça para baixo em uma assadeira. Regue-os com o azeite trufado e tempere com sal e pimenta-do-reino. Pique grosseiramente os demais cogumelos, inclusive os talos.

Para o recheio, esquente 2 colheres (sopa) de azeite de oliva em uma frigideira. Adicione o alho e frite até dourar levemente. Junte os cogumelos picados, o sal e a pimenta-do-reino a gosto, e continue fritando em fogo médio até os cogumelos murcharem. Acrescente o vinho Madeira, o tomilho e a noz-moscada. Aumente o fogo e refogue até secar um pouco o líquido. Espere o refogado amornar e transfira para um processador com o queijo ralado, a salsinha e o restante do azeite trufado. Bata até agregar bem os ingredientes, recheie os cogumelos e leve-os ao forno de 20 a 30 minutos. Eles dão uma encolhida e ficam dourados.

planeje   O recheio pode ser feito com um dia de antecedência.
superdica   Se você não conseguir azeite trufado, substitua-o por um azeite extravirgem de ótima qualidade ou um bom óleo de nozes.
sirva com   Estes cogumelos podem acompanhar uma polenta, servem para preparar bruschetta e vão muito bem como guarnição de um jantar tradicional.

Um charmoso jantar de domingo

— esse ritual não está extinto como os dinossauros. Na tranquilidade do lar familiares e entes queridos se reúnem para tagarelar e se deleitar com uma comilança. Jantares assim não precisam ser reservados para datas especiais, como a Páscoa e o Natal. Eles são bem-vindos em qualquer final de semana e devem ser marcados por um certo exagero – mas nada de esforço demasiado. O importante é servir um cardápio ousado e entregar-se ao prazer da mesa.

As batatas assadas são essenciais. Para ficarem impecáveis, descasque-as e escalde-as por 5 a 10 minutos – elas devem se manter firmes no centro – e escorra. Transfira para uma assadeira, regue-as com bastante azeite de oliva, sacudindo-as para cobri-las por igual. Tempere a gosto e asse a 220ºC, de 40 a 50 minutos, até dourarem e ficarem crocantes.

compras — Para um cardápio de inverno, escolha ingredientes que combinem com a temperatura, mesmo que seja preciso bater perna pelos mercados; agasalhe-se e mãos à obra. Se você vai receber muitas pessoas, facilite sua vida delegando as compras ou até o preparo de pratos inteiros.

louça — É hora de tirar aquele lindo aparelho do armário. Lustre a prataria, dê brilho nas taças que fazem "plim", acenda as velas e sinta prazer nesse ritual.

bebidas — Um vinho tinto encorpado é a melhor escolha. Lembre que um bom vinho de preço médio rende mais que um vinho inferior, pois será apreciado a cada gole.

cardápio

gratinado de abóbora e alho 80
dumpling de ricota e ervas com molho de cogumelos e vodca 67
batatas assadas 74
brócolis no vapor
salada de tomate e radicchio regada com vinagre balsâmico
torta de frutas vermelhas com caramelo de conhaque 90

tela de aspargos

A primeira vez que servi esta receita foi em uma festa grande cujo orçamento era apertado. O sabor e a aparência são fantásticos, além de ser relativamente barata e pouco trabalhosa: o preparo leva cerca de 10 minutos.

ingredientes

rende de 4 a 8 porções
500 g de aspargos médios não muito grossos aparados
2 colheres (chá) de semolina ou fubá
375 g de massa folhada pronta
2 gemas de ovo
100 ml de creme de leite fresco
uma pitada de sal
pimenta-do-reino moída na hora
60 g / ½ xícara (chá) de queijo parmesão ralado na hora

preparo

Preaqueça o forno a 220ºC. Coloque os aspargos numa caçarola com água e sal e leve ao fogo. Deixe levantar fervura e cozinhe por mais 3 minutos. Escorra em água corrente e seque bem.

Espalhe a semolina ou o fubá em uma assadeira grande. Divida a massa em 2 retângulos e estenda-os na assadeira. Com uma faca, vinque uma borda de 1,5 cm ao redor da massa, sem cortá-la. Arrume os aspargos "dentro da tela", alternando a direção das pontas, para garantir que todas as fatias tenham um tanto delas. Em uma jarrinha, misture as gemas, o creme de leite e tempere com o sal e a pimenta-do-reino. Despeje a mistura no centro das duas telas de massa, de modo que, no forno, as bordas estufem antes de o creme transbordar. Polvilhe o queijo rapidamente e leve ao forno.

Asse as tortas por 20 a 30 minutos, até que a massa fique bem dourada e o creme, levemente dourado. Sirva quente, cortadas em 4 pedaços. Essa torta pode ser reaquecida no forno a 200ºC, de 5 a 7 minutos.

strudel de batata, alho e mozarela defumada

"Strudel" significa, literalmente, "redemoinho", mas este é tão simples de fazer que parece uma brisa. As massas folhadas prontas agilizam o preparo e, quando vêm em rolo, são mais fáceis de usar.

ingredientes

rende de 6 a 8 porções
750 g de batatas farinhentas descascadas e cortadas em pedaços
3 dentes de alho pequenos
1 colher (chá) de sal grosso
250 g de mozarela defumada, ou outro queijo defumado, cortada em cubos de 1 cm
3 a 4 colheres (sopa) de salsinha lisa picada fino
375 g de massa folhada pronta em rolo
1 gema de ovo misturada com 1 colher (sopa) de leite para dourar

preparo

Leve à fervura uma caçarola com água e salgue-a bem. Cozinhe as batatas em fogo baixo por 15 minutos, até que fiquem macias. Escorra a água, amasse-as e depois deixe esfriar. Em um pilãozinho, amasse o alho com o sal até obter uma pasta. Junte a pasta às batatas amassadas, acrescentando a mozarela defumada e a salsinha. Adicione um bom bocado de pimenta-do-reino moída, mexendo bem.

Estenda a massa em uma assadeira. Espalhe a mistura de batatas ao longo de um dos lados, formando uma salsicha comprida e compacta, deixando massa suficiente do outro lado para que você possa enrolá-la. Dobre a massa sobre o recheio, formando um tubo estufado. Feche bem as pontas e aperte a longa emenda. Vire o strudel para que a emenda fique embaixo.

Cubra a torta com um pano úmido e leve-a à geladeira por meia hora ou por até 48 horas. Antes de assar, preaqueça o forno a 220ºC. Com uma faca afiada, faça cortes diagonais, mais ou menos a cada 2 cm, na parte de cima da torta. Pincele-a com a mistura de ovo e leite. Leve-a ao forno por 30 a 40 minutos até dourar e ficar crocante. Deixe a torta esfriar pelo menos por 5 minutos, depois corte os pedaços de acordo com os talhos.

cheesecake de ricota e cebola com tomates secos e sálvia

Esta é a minha versão de uma tradicional torta de cebola, cuja receita tirei de um livro italiano. Eu costumo variar o preparo incluindo tomates secos ou passas brancas — tanto um como o outro criam um contraste maravilhoso com as cebolas adocicadas.

ingredientes

rende 8 porções

1 quilo de ricota fresca

3 colheres (sopa) de azeite de oliva, mais um pouco para untar e regar

350 g de cebola (2 grandes, mais ou menos) picadas

4 dentes de alho picados

10 folhas de sálvia frescas picadas grosseiramente e mais algumas para decorar

4 ovos batidos

6 colheres (sopa) de queijo parmesão ralado na hora

sal e pimenta-do-reino moída na hora

150 g / 1 xícara (chá) de tomates secos (ou uvas-passas brancas)

55 g de bolacha tipo cream cracker bem amassadas

preparo

Preaqueça o forno a 190°C. Deixe a ricota escorrendo em uma peneira sobre uma tigela, enquanto refoga as cebolas. Deixe os tomates (ou passas) de molho em água quente por 15 a 20 minutos, escorra e reserve.

Em uma frigideira, esquente o azeite de oliva em fogo baixo. Refogue as cebolas, mexendo sempre, até ficarem translúcidas, mas sem dourar. Acrescente o alho e a sálvia e cozinhe por 1 a 2 minutos até desprender o aroma do tempero.

Usando papel-toalha, tire o excesso de azeite e todos os vestígios de tempero dos tomates secos. Pique em pedaços bem pequenos e reserve. No processador ou com o mixer, bata a ricota, os ovos, o queijo ralado, o sal e a pimenta-do-reino, até obter uma mistura homogênea. Com uma espátula, misture bem a cebola e, a seguir, os tomates secos (ou as uvas-passas brancas).

Pincele uma assadeira redonda de aro removível (22 cm de diâmetro) com azeite de oliva e forre o fundo e as laterais com as migalhas de bolacha. Despeje a mistura de ricota e alise a superfície. Decore a torta com as folhas de sálvia e regue com um pouco de azeite, inclusive nas folhas. Asse por 45 minutos a 1 hora, até ficar firme e começar a dourar. Espere amornar e transfira a torta para uma travessa. Sirva quente ou fria.

planeje

Esta receita pode ser preparada com até 24 horas de antecedência. Deixe esfriar, cubra e conserve na geladeira. Se for servir quente, deixe voltar à temperatura ambiente antes de reaquecê-la.

sirva com

Acompanhamentos de um jantar tradicional.

gratinado de abóbora e alho

Este é o tipo de comida que conforta – é um prato incrível que sempre agrada a todos. Abóbora-cheirosa, abóbora-menina, abóbora-seca, abóbora japonesa, abóbora-moranga... A família da abóbora é grande, mas para fazer este prato escolha uma de cor laranja escura e com bastante polpa.

ingredientes

rende de 4 a 6 porções
3 colheres (sopa) de azeite de oliva extravirgem
1 abóbora-cheirosa de aproximadamente 2 kg
8 dentes de alho
8 folhas de sálvia fresca
250 g de queijo gruyère cortado em cubos de 1 cm
sal e pimenta-do-reino moída na hora

preparo

Preaqueça o forno a 220ºC. Com uma boa faca, retire a casca da abóbora e as sementes. Coloque a abóbora em uma assadeira, com a cavidade virada para cima. Em cada cavidade, coloque 2 dentes de alho inteiros e 2 folhas de sálvia, depois despeje cerca de 2 colheres (sopa) de azeite de oliva e pincele toda a polpa. Leve ao forno de 30 a 40 minutos, até que fique macia e ligeiramente escura nas beiradas. Deixe esfriar um pouco.

Coloque a polpa da abóbora, o alho e a sálvia assados em uma tigela. Amasse tudo grosseiramente com um garfo. Junte os cubos de queijo gruyère. Transfira a mistura para uma travessa bonita e leve ao forno para gratinar por 15 a 20 minutos, até dourar e borbulhar. Sirva imediatamente.

planeje Asse a abóbora com um dia de antecedência.

superdica Se não encontrar uma boa abóbora, use batata-doce roxa. Asse-a inteira, com a casca e na mesma temperatura, e acrescente o alho, a sálvia e o azeite na fôrma nos últimos 20 minutos. Deixe esfriar e descasque apenas antes de espremer.

sirva com Acompanhamentos de um jantar, ou salada, ou legumes verdes cozidos no vapor.

5
sobremesas
doces e guloseimas

castanhas portuguesas ao creme de conhaque 85
merengue tropical + merengues com morangos e água de rosas 87
creme de maçã com merengue de gengibre 88
sorvete com raspas de limão 89
torta de frutas vermelhas com caramelo de conhaque 90
pêssegos recheados grelhados 95
merengues com doce de leite 96
copinhos de creme de chocolate com morango 97
cheesecake de chocolate e nozes-pecãs 98

Seus convidados já foram suficientemente mimados, mas afague-os um pouco mais com as sobremesas. É o gratificante gran finale, portanto, nada de sensatez – todos devem se sentir prontos a mergulhar nas doçuras com uma irresponsável naturalidade, mesmo achando que não deveriam. Os doces sempre despertam a criança gulosa que há em todos nós.

Em coquetéis, bastam alguns docinhos ao final da noite – são uma ótima maneira de injetar o estímulo do açúcar, e ao mesmo tempo sinalizar que a festinha está chegando ao fim. Prepare os merengues com doce de leite (p. 96) ou o cheesecake de chocolate e nozes-pecãs (p. 98) cortado em pequenos pedaços.

Se você está recebendo um grupo grande de pessoas, prepare o creme de maçã com merengue de gengibre (p. 88) ou um delicioso merengue tropical (p. 87). Se preferir, compre algumas frutas de excelente qualidade – duas ou três, mais do que isso seria um exagero – e biscoitos irresistíveis. Arrume tudo de forma que as pessoas possam comer à vontade. Estimule seus convidados a ceder às tentações.

castanhas portuguesas ao creme de conhaque

Marrons caramelisés au cognac (desculpe, mas parece muito mais gostoso em francês) é um jeito sofisticado e rápido de transformar um simples sorvete em uma travessura inesquecível. Como se não bastasse, é uma tentação rápida de preparar.

ingredientes

rende de 4 a 6 porções
250 g de castanhas portuguesas inteiras cozidas
55 g / 4 colheres (sopa) de manteiga salgada
3 colheres (sopa) de açúcar
100 ml / ⅓ de xícara (chá) de conhaque
sorvete de chocolate para acompanhar

preparo

Selecione bem as castanhas. Derreta a manteiga em uma frigideira em fogo médio. Acrescente as castanhas, salteando-as suavemente por 2 minutos. Coloque o açúcar, mexa e deixe ferver por cerca de 1 minuto para derreter. Despeje o conhaque, mexa e desligue o fogo. Espere amornar um pouco e despeje o creme sobre a bola de sorvete.

planeje

Esta é uma sobremesa para ser feita em uma emergência, mas as castanhas e o conhaque são ingredientes essenciais na despensa.

superdica

Prepare o doce assim que a refeição tiver terminado. O tempo que ela vai levar para amornar é o tempo para que as pessoas precisam antes de "atacar" esta iguaria. (Se seu congelador é muito eficiente, tire o sorvete antes para que fique mais macio.)

sirva com

Um sorvete de baunilha ou creme casa bem com castanhas portuguesas.

merengue tropical

Feito com deliciosas frutas tropicais, esta sobremesa é ideal para oferecer a um número grande de pessoas sagazes – o azedinho do abacaxi e do maracujá ficam irresistíveis com o adocicado da manga. É de cair o queixo!

ingredientes rende 8 porções
8 suspiros duros em forma de ninho
600 ml / 2½ xícaras (chá) de creme de leite fresco
4 colheres (sopa) de rum claro (opcional)
1 mamão-papaia descascado e sem sementes picado
1 manga pequena sem casca picada
1 abacaxi pequeno sem casca picado (ou 500 g de compota de abacaxi)
polpa de 2 maracujás maduros
physalis para decorar

preparo Em uma tigela, quebre os suspiros em pedaços pequenos. Coloque o creme de leite em uma tigela e bata com o mixer até formar picos firmes. Junte o rum e bata mais um pouquinho.

Pouco antes de servir, misture os suspiros com o creme batido. Coloque uma boa porção dessa mistura nos pratos de servir e depois as frutas picadas. Decore com uma colherada da polpa do maracujá e a physalis.

superdica A physalis é conhecida como camapum, saco-de-bode, mulaca, joá e joá-de-capote no Norte e no Nordeste brasileiros.

merengues com morangos e água de rosas — Siga a receita acima, substituindo as frutas por mais ou menos 500 g de morangos frescos cortados ao meio (se forem grandes), sem os cabinhos. No lugar do rum, use 4 colheres (sopa) de água de rosas. Providencie mais morangos para servir em um prato separado.

creme de maçã com merengue de gengibre

Esta receita é excelente para um grande grupo, pois as pessoas podem se servir. Fica muito bonita em uma tigela larga e baixa, com merengues de dar água na boca "flutuando".

ingredientes

rende de 10 a 12 porções
2 quilos de maçãs descascadas e sem sementes cortadas em fatias finas
250 g / 1½ xícara (chá) de açúcar
creme de leite fresco ou iogurte para servir
400 ml / 1¾ de xícara (chá) de água

para os merengues:
3 claras de ovo
175 g / ¾ de xícara (chá) de açúcar
1 colher (chá) de amido de milho
½ colher (chá) de vinagre
55 g / ⅓ de xícara (chá) de gengibre cristalizado, picado

preparo

Em uma panela, coloque as maçãs, o açúcar e a água. Tampe a panela, deixe ferver e abaixe o fogo, cozinhando de 20 minutos a meia hora até obter uma compota delicada. Transfira para uma tigela, deixe esfriar e leve à geladeira.

Para fazer os merengues, preaqueça o forno a 120ºC e forre uma assadeira grande com papel-vegetal. Bata as claras em ponto de neve firme e acrescente 1 colher (sopa) por vez de açúcar, batendo bem, até que a mistura fique firme e acetinada. Sempre batendo, junte o amido de milho, o vinagre e o gengibre picado. Com uma colher, pingue na assadeira montinhos de creme do tamanho de um ovo, deixando espaço entre eles. Asse por meia hora, até que os suspiros fiquem crocantes por fora e grudentos por dentro. Quando esfriarem, retire-os da assadeira com cuidado, passando uma faca por baixo deles.

Despeje o creme na travessa de servir e decore com os merengues. Sirva com creme de leite ou iogurte.

sorvete com raspas de limão

As raspas de limão dão a este sorvete um toque sutil e perfumado. Vou insistir: procure fazer este sorvete com raspas de limão-siciliano. Muito fácil de preparar, não é preciso nem máquina de fazer sorvete, apenas um congelador.

ingredientes

rende de 10 a 12 porções
600 ml / 2½ xícaras (chá) de creme de leite fresco
600 ml / 2½ xícaras (chá) de leite integral
350 g / 2 xícaras (chá) de açúcar de confeiteiro
raspas de 2 limões-sicilianos
150 ml / ⅔ de xícara (chá) de suco de limão-siciliano
folhas de hortelã secas para decorar (opcional)

preparo

Bata o creme de leite, o leite e 225 g / 1 xícara (chá) de açúcar em um recipiente de plástico grande, misturando bem até que o açúcar se dissolva. Cubra e leve ao congelador.

Amasse as raspas de limão num pilãozinho ou com o rolo de massa, para liberar o perfume. Em uma tigela, bata o suco, as raspas de limão e o restante do açúcar com um mixer, até o açúcar se dissolver. Cubra o recipiente e leve ao congelador.

Deixe os dois recipientes no congelador por cerca de 3 horas. A consistência do creme deve ficar semelhante à de milkshake. Junte a mistura de limão ao creme, mexendo bem e raspando os cristaizinhos que tenham se formado. Leve ao congelador até solidificar. Como o sorvete vai ficar bem consistente, tire-o do congelador um pouco antes de servir para que amoleça um pouco. Decore com folhas de hortelã frescas ou secas (opcional).

torta de frutas vermelhas com caramelo de conhaque

Esta torta inacreditavelmente saborosa substitui com vantagens bolos e tortas tradicionais e trabalhosos. Esta tentação é uma combinação de cerejas, nozes-pecãs e o sabor pungente do cardamomo, em uma massa elástica encharcada de caramelo de conhaque.

ingredientes

rende de 8 a 10 porções

500 g de frutas vermelhas ou cerejas frescas (sem os cabinhos e caroços)
85 g de manteiga derretida, um pouco mais para untar
200 g / 1 xícara (chá) de açúcar dividida em duas partes
150 g / 1 xícara (chá) de nozes-pecãs grosseiramente picadas
1 ovo batido
60 g / ½ xícara (chá) de farinha de trigo peneirada
1 colher (chá) de sementes de cardamomo amassadas num pilão
3 colheres (sopa) de açúcar demerara
para o caramelo:
180 g / um pouco menos de 1 xícara (chá) de açúcar mascavo
115 g de manteiga
125 g / ½ xícara (chá) de creme de leite fresco
3 colheres (sopa) de conhaque

preparo

Preaqueça o forno a 180°C. Unte uma fôrma de bolo de aro removível (de 24 cm de diâmetro) e forre o fundo com papel-vegetal. Misture as cerejas, as nozes-pecãs e metade do açúcar, e espalhe no fundo da fôrma.

Para a massa, bata bem o restante do açúcar com o ovo em uma tigela. Acrescente a farinha, a manteiga derretida e o cardamomo, mexendo sempre. Despeje por igual por cima das frutas vermelhas. Polvilhe com o açúcar demerara e asse por mais ou menos 40 a 50 minutos. Deixe esfriar na fôrma.

Para o caramelo, junte o açúcar, a manteiga e o creme de leite em uma panela. Em fogo baixo, vá mexendo até o açúcar se dissolver e o creme começar a borbulhar. Tire do fogo e adicione o conhaque. Com uma faca ou uma pá de bolo, solte a torta da fôrma com cuidado. Remova o aro mas deixe a base. Corte-a em fatias e sirva quente ou fria, com a calda quente.

planeje

A torta pode ser feita com 8 horas de antecedência. O creme pode ser feito 2 dias antes; conservando-o na geladeira, coberto. Na hora de servir, é só aquecê-lo.

superdica

Como as cerejas e as frutas vermelhas frescas congelam bem, mantenha um estoque delas no seu freezer, assim você poderá fazer esta receita em qualquer época do ano.

um chá no jardim

— Uma reunião informal e saborosa regada a chá proporciona um momento em que crianças e adultos de todas as idades ficam à vontade, mesmo que ainda não se conheçam muito bem. É uma agradável maneira de juntar pessoas para tagarelar e celebrar o puro prazer do encontro.

O cardápio que apresento é para um chá refinado e generoso. Para uma versão mais simples, sirva o sanduíche de pepino e mascarpone com ervas (p. 15) acompanhado de uma das três receitas de doce. Complemente com pães doces e salgados (fáceis de fazer ou comprar), e não se esqueça da manteiga, de um queijo cremoso e da geleia.

compras Decore a mesa. Compre flores, frutas, muito leite e cubinhos de açúcar para o chá.

louça Se você não tem um bom aparelho de chá, peça aos amigos que tragam as xícaras e pires que tiverem, e crie uma mistura charmosa de pratinhos descombinados. Chaleiras a mais também serão bem-vindas.

bebidas Para agradar a todos, providencie vários tipos chá: preto, mate, verde, de ervas e de frutas. Lembre-se de que o chá verde, como o preto e o mate, contêm cafeína. Para fazer um chá perfeito, aqueça a chaleira com um pouco de água quente, mexa e descarte a água. Coloque os sachês de chá ou ervas frescas e depois adicione a água, que deve estar fervente. Tenha uma chaleira com água quente para preparar os chás de sachês.

cardápio

sanduíche de pepino e mascarpone com ervas 15

tela de aspargos 76

merengues com doce de leite 96

copinhos de creme de chocolate com morango 97

muffins de maçã e marzipã 142

pêssegos recheados grelhados

Não é fácil encontrar bons pêssegos. Para esta receita, eles devem estar arrasadores: lindos, doces e suculentos. Se não encontrar, as nectarinas são ótimas substitutas.

ingredientes

rende 6 porções
3 pêssegos maduros sem caroço cortados ao meio
sorvete de baunilha para servir

para o recheio:
2 colheres (sopa) de manteiga derretida (25 g aproximadamente)
25 g / ¼ xícara (chá) de pistaches sem casca picados
2 colheres (sopa) de açúcar
3 colheres (sopa) de conhaque
uma pitada de cravo-da-índia moído
1 colher (sopa) de gengibre cristalizado picado

preparo Preaqueça a grelha na temperatura máxima. Misture bem todos os ingredientes do recheio. Disponha as metades de pêssego em uma fôrma antiaderente. Distribua o recheio entre os pêssegos e salpique com um pouco de açúcar. Leve para grelhar por 7 a 8 minutos, mais ou menos, até que o recheio fique dourado e o açúcar, derretido. Sirva com o sorvete de baunilha.

planeje Esta receita pode ser preparada com 4 horas de antecedência. É preciso cobrir os pêssegos prontos e mantê-los sob refrigeração. Antes de grelhá-los, deixe-os voltar à temperatura ambiente.

superdica Para servir convidados veganos, use margarina em vez de manteiga. Evite pêssegos cujos caroços estejam muito ade-ridos à polpa. Não guarde pêssegos frescos na geladeira, pois isso estraga a textura deles. Não é muito fácil encontrar pistaches sem casca, mas a quantidade necessária não é grande, portanto, é só descascar. Sementes de abóbora sem casca podem substituir o pistache.

sirva com Em vez de sorvete, sirva os pêssegos com iogurte ou chantili.

merengues com doce de leite

Faça esta sobremesa do tamanho de um canapé para comer de um só bocado, ou um pouco maior. Os merengues podem ser feitos com dois dias de antecedência e guardados na geladeira em recipientes bem fechados.

ingredientes

rende 8 porções
manteiga para untar
sementes de romã
250 a 300 ml / 1 a 1 ¼ de xícara (chá) de creme de leite fresco
150 a 200 ml / ⅔ a ¾ de xícara (chá) de doce de leite (escolha um bem cremoso e acetinado)

para os merengues:
6 claras de ovo em temperatura ambiente
uma pitada de sal
375 g / 2 xícaras (chá) de açúcar
2 colheres (chá) de amido de milho
1 colher (chá) de vinagre

preparo

Preaqueça o forno a 180°C. Em uma tigela, bata o creme de leite fresco com o mixer até virar chantili, formando picos firmes. Reserve. Para fazer os merengues, siga a receita da página 88, acrescentando o sal ao açúcar e eliminando o gengibre. Faça merengues do tamanho de um ovo ou menores em uma assadeira forrada, deixando um espaço entre eles e achatando delicadamente o topo.

Asse os merengues por 30 a 40 minutos, até ficarem crocantes por fora e um tanto grudentos por dentro. Deixe-os esfriar na assadeira. Com uma espátula, solte-os e disponha em uma bandeja. Sobre cada um, coloque uma colher (chá) generosa de doce de leite e uma de chantili. Decore com as sementes de romã. Sirva imediatamente.

copinhos de creme de chocolate com morango

Para finalizar uma refeição, tudo o que se quer é alguns bocados travessos. Estes requintados copinhos quase transbordando de creme de chocolate cumprem essa função. Prepare-os com 8 horas de antecedência.

ingredientes

rende 10 porções
200 g de chocolate branco de boa qualidade
10 morangos de tamanho semelhante
10 confeitos prateados (opcional)
250 g de chocolate meio amargo (chocolate com 50% de cacau)
4 colheres (sopa) de manteiga
300 ml / 1 ¼ de xícara (chá) de creme de leite fresco

preparo

Corte o talinho do morango, de modo que ele possa ser apoiado. Em uma tigela, derreta o chocolate branco em banho-maria. Mergulhe o lado pontudo do morango no chocolate branco, cobrindo-o até quase a metade, e coloque o confeito prateado, se desejar. Repita o procedimento com os demais morangos e leve-os para gelar.

Em uma bandeja, arrume 10 copinhos do tipo shot ou tigelinhas. Em uma panela, coloque o chocolate meio amargo, a manteiga e o creme de leite, e vá mexendo em fogo baixo, sem parar, até obter um creme homogêneo. Retire do fogo. (Se a mistura coagular devido ao excesso de calor, adicione creme de leite.) Divida o creme de chocolate entre os copinhos ou tigelinhas e apoie um morango em cada um. Leve-os para gelar pelo menos por meia hora. Deixe-os voltar à temperatura ambiente antes de servir.

cheesecake de chocolate e nozes-pecãs

No aniversário de 70 anos de minha mãe, eu inventei este cheesecake combinando os dois sabores preferidos dela: nozes e chocolate. Ela adorou.

ingredientes

rende de 8 a 10 porções

para a base:
200 g de biscoitos cobertos com chocolate (meio amargo, de preferência)
4 colheres (sopa) de manteiga derretida
2 colheres (sopa) de cacau em pó

para o recheio:
250 g de chocolate meio amargo (chocolate com 50% de cacau)
450 g / 2 xícaras (chá) de cream cheese
280 g / 1¼ de xícara (chá) de queijo mascarpone
2 colheres (chá) de essência de baunilha
2 ovos caipiras

para a cobertura:
150 g / 1¼ de xícara (chá) de nozes-pecãs (em metades)
2 colheres (sopa) de açúcar
50 g de chocolate meio amargo (chocolate com 50% de cacau)

preparo

Preaqueça o forno a 180ºC. Amasse os biscoitos em um processador e misture a manteiga derretida e o cacau em pó. Em seguida, com a ajuda de uma colher, prense bem a mistura no fundo de uma fôrma de aro removível (de 24 cm de diâmetro). Leve para assar por 10 minutos e depois deixe esfriar. Abaixe a temperatura do forno para 160ºC.

Derreta o chocolate em uma tigela, em banho-maria ou no forno de micro-ondas. Para o recheio, bata os dois queijos juntos até obter uma mistura homogênea. Acrescente a essência de baunilha, o açúcar e os ovos inteiros, um a um. Despeje metade dessa mistura na fôrma de bolo. Acrescente o chocolate derretido ao restante da mistura, mexendo até ficar homogêneo. Essa mistura de chocolate deve ficar mais espessa que a de baunilha. Despeje-a às colheradas sobre o creme de baunilha. Em seguida, com uma faca, faça movimentos em zigue-zague para misturar ligeiramente os dois cremes. Asse por 30 a 40 minutos. Se o recheio balançar um pouco, não se preocupe, ao gelar ele ficará firme. Deixe o cheesecake esfriar na fôrma, sobre uma grade, e depois leve-o à geladeira pelo menos por 3 horas ou até o dia seguinte.

Para a cobertura crocante, coloque as nozes-pecãs em uma frigideira, em fogo médio. Polvilhe o açúcar e mexa até que elas fiquem tostadas e o açúcar comece a grudar e caramelizar. Deixe esfriar.
Passe uma faca em volta do cheesecake para soltá-lo da fôrma, retire o aro, mas deixe a base, para não correr o risco de o fundo rachar. Disponha-o em uma travessa grande. Para finalizar, derreta o chocolate. Distribua as nozes-pecãs sobre a torta e regue com o chocolate derretido. Leve de volta à geladeira. Sirva em temperatura ambiente. Molhe uma faca afiada em água quente, seque-a e corte as fatias imediatamente.

superdica

Este cheesecake pode ser feito em porções individuais. Prepare-o em uma assadeira retangular, leve para gelar e depois corte em pequenos quadrados. Decore cada quadradinho com uma metade de noz-pecã caramelizada e regue com chocolate derretido.

6
de última hora
receitas super-rápidas com o mínimo de ingredientes

tigela quente e picante de udon com azeite condimentado   103
omelete de alcachofra   105
molhos quase instantâneos para massas   106
macarrão instantâneo à moda de Cingapura   111
trigo integral com molho de tomate condimentado   112
curry de ovos à moda de Kerala   113

As ocasiões mais descontraídas e memoráveis são fruto da espontaneidade. Este capítulo é dedicado aos momentos inesperados da vida – quando velhos amigos aparecem sem avisar, quando o tempo está tão bonito que dá vontade de reunir os colegas depois do trabalho para comer no jardim, quando não dá tempo de sair às compras e há um bocado de gente faminta para alimentar!

Ah, uma refeição gostosa de última hora não vem do nada, mas pode ser apressada a partir de uma despensa bem equipada. É um deleite planejar o estoque. Veja em "Truques do anfitrião" (p. 11) o que não pode faltar na despensa. Se aparecerem visitantes inesperados, é só pegar alguns petiscos gostosos no armário e preparar uma refeição. Que tal cuscuz marroquino e grão-de-bico regados com azeite e limão? Veja outras sugestões muito rápidas:

Salada picante de macarrão instantâneo Cozinhe o macarrão instantâneo de acordo com as instruções da embalagem, escorra e esfrie em água corrente. Faça um molho com óleo de gergelim, shoyu, pimenta e cebolinha picada. Misture ao macarrão e sirva com gomos de limão-taiti.

Polenta com cogumelos porcini Faça uma polenta instantânea com consistência mole usando a mesma água em que você deixou de molho por 10 minutos um bom punhado de cogumelos (acrescente-os à polenta!). Misture bastante manteiga e queijo parmesão ralado para finalizar.

Massa com figos e nozes Enquanto o macarrão cozinha, frite algumas cebolas no azeite de oliva até ficarem translúcidas. Escorra a massa e misture figos secos picados, nozes picadas, cubinhos de queijo gorgonzola e as cebolas fritas.

Molho de açafrão Em um pilão, amasse um dente de alho com sal grosso. Junte duas pitadas de raiz de açafrão (que ficaram de molho em 1 colher (chá) de água quente), gotas de limão-siciliano, 3 a 4 colheres (sobremesa) de maionese. Sirva com batatas e legumes cozidos no vapor.

tigela quente e picante de udon com azeite condimentado vegana

O udon é uma variedade de massa japonesa saborosa e consistente encontrada em lojas de produtos orientais. Nesta receita ele é usado em um caldo rápido, mas você poderá utilizar outras massas semiprontas, se preferir.

ingredientes

rende de 4 a 6 porções

500 g de legumes variados picados (como brócolis, repolho, ervilha, abobrinha)

6 colheres (sopa) de shoyu

6 colheres (sopa) de suco de limão-taiti ou vinagre de arroz, ou uma mistura deles

2 colheres (sopa) de açúcar

um pedaço de gengibre de 3 cm ralado fino

400 g de udon ou outro tipo de macarrão instantâneo

para o azeite condimentado:

1 pimenta-malagueta fresca picada grosseiramente

1 dente de alho

½ colher (chá) de sal grosso

2 colheres (sopa) de óleo de gergelim

preparo

Leve para ferver uma chaleira com água enquanto prepara o azeite. Amasse a pimenta-malagueta, o alho e o sal em um pilão ou com um socador. Junte o óleo de gergelim e reserve.

Despeje 1 litro / 4 xícaras (chá) de água quente em uma caçarola, coloque os legumes e deixe ferver, acrescentando o shoyu, o suco de limão ou vinagre, o açúcar e o gengibre. Cozinhe até que os legumes fiquem macios; adicione o udon. Cozinhe até deixar a massa no ponto.

Divida a sopa em tigelinhas individuais, regue com o azeite de pimenta e sirva imediatamente.

omelete de alcachofra

Esta omelete sensacional vai causar uma ótima impressão! O melhor é que ela pode ser batida com pouquíssimo esforço. Sirva como prato único, acompanhada de uma salada.

ingredientes

rende de 2 a 4 porções
5 ovos, gemas e claras separadas
2 ovos inteiros
125 g de corações de alcachofra em conserva escorridos e fatiados
55 g / ½ xícara (chá) de queijo parmesão ralado na hora
10 folhas de manjericão fresco rasgadas
sal e pimenta-do-reino moída na hora
1 colher (sopa) de manteiga (15 g aproximadamente)
2 colheres (sopa) de azeite de oliva

preparo

Com um garfo, bata de leve as 5 gemas e os 2 ovos. Bata as claras em neve usando um mixer, e a seguir misture-as delicadamente às gemas, para manter a mistura leve e aerada. Junte as alcachofras, o queijo ralado, o manjericão, o sal e a pimenta-do-reino, sempre cuidando para não perder a leveza da mistura.

Esquente a manteiga e o azeite de oliva em uma frigideira antiaderente larga. Despeje a omelete e frite por 5 minutos, até dourar e ficar crocante por baixo. Dependendo do tamanho da frigideira, talvez não seja possível virar a omelete com uma espátula, portanto, tente esta maneira: deslize a omelete em um prato grande, despreze qualquer excesso de azeite para não queimá-lo, posicione a frigideira sobre a omelete e vire o prato sobre ela. Frite-a por mais 1 ou 2 minutos apenas, pois ela deve ficar úmida e macia.

Coloque-a em uma travessa aquecida, corte em fatias e sirva imediatamente.

molhos quase instantâneos para massas

Estes molhos frescos podem ser preparados em menos tempo do que a massa leva para cozinhar, e ficam inigualáveis. Não se esqueça de que as massas frescas congelam muito bem e é sempre bom ter algumas à mão.

Molho de espinafre e limão

ingredientes

rende 4 porções
massa de sua escolha
para o molho:
4 colheres (sopa) de azeite de oliva
2 dentes de alho amassados
1 pimenta-malagueta fresca pequena picada ou
 ¼ de colher (chá) de pimenta seca em flocos
300 g de folhas de espinafre frescas ou congeladas
sal e pimenta-do-reino moída na hora
6 colheres (sopa) de coalhada ou iogurte
suco de ½ limão-siciliano

preparo

Enquanto a massa cozinha em uma caçarola grande com água e sal, aqueça o azeite de oliva em uma frigideira grande e frite o alho e a pimenta por 1 minuto. Acrescente o espinafre, tempere com um pouco de sal e pimenta-do-reino e mexa. Tampe a frigideira enquanto o espinafre murcha (cerca de 2 minutos para o fresco, 4 minutos para o congelado). Tire a tampa e misture a coalhada e o suco de limão. Deixe por 1 minuto com a panela tampada, e depois misture à massa.

pesto de tomates fritos e avelãs

ingredientes

rende 4 porções
massa de sua escolha
para o pesto:
½ dente de alho
1 colher (chá) de sal grosso
1 colher (chá) de pimenta-rosa em grão
25 g / menos de ¼ de xícara (chá) de avelãs descascadas
2 punhados de folhas frescas de manjericão e salsinha
 picadas grosseiramente
3 colheres (sopa) de queijo parmesão ralado na hora
4 colheres (sopa) de azeite de oliva
para os tomates:
2 colheres (sopa) de azeite de oliva
2 tomates cortados em fatias grossas
2 colheres (chá) de vinagre balsâmico
uma pitada de açúcar
sal e pimenta-do-reino moida na hora

preparo

Enquanto a massa cozinha em uma caçarola grande com água e sal, prepare o pesto. Em um pilão, amasse o sal e a pimenta. Acrescente as avelãs, soque um pouco e junte as ervas e o queijo ralado. Amasse e soque até obter uma pasta. Adicione o azeite de oliva e mexa para incorporar bem. Aqueça o azeite para os tomates em uma frigideira grande, em fogo médio. Coloque as fatias de tomates, o vinagre e o açúcar, frite-os levemente dos dois lados. Tempere com sal e pimenta-do-reino.

Escorra a massa e coloque-a de volta na caçarola. Junte o pesto à massa, mexendo para misturar bem. Sirva com os tomates fritos.

de última hora *107*

uma ceia de improviso —

A estratégia para este cardápio é preparar curry de ovos à moda de Kerala (p. 113), que não leva mais do que meia hora. Enquanto isso, para deixar os convidados beliscando felizes, ofereça deliciosas torradas de pão sírio com homus.

Preaqueça o forno a 200°C. Corte o pão sírio e disponha-os em uma assadeira. Regue-o com azeite de oliva e salpique gergelim. Torre até ficar crocante. Coloque o homus num pratinho; tempere-o com suco de limão, se necessário. Salpique hortelã seca, pingue algumas gotas de azeite de oliva. Decore com um punhadinho de alcaparras e algumas torradas. Em outra tigela, coloque picles de beterraba (não esqueça os palitinhos).

compras — Sirva bolachas salgadas em vez de torradas. Veja em "Truques do anfitrião" (p. 11) outros itens indispensáveis na despensa.

louça — Em cima da hora, qualquer coisa serve; por isso, improvise.

bebidas — Convidados inesperados costumam levar vinho ou garrafas e latinhas de cerveja. Eles podem beber direto da embalagem, assim você terá menos louça para lavar. A cerveja propicia alegria, é excelente para abrir o apetite e combina muito bem com pratos condimentados.

cardápio

homus com hortelã seca, azeite de oliva e alcaparrões 108

picles de minibeterrabas

torradas de pão sírio com azeite de oliva e gergelim 108

curry de ovos à moda de Kerala 113

torta de frutas vermelhas com caramelo de conhaque 90

macarrão instantâneo à moda de Cingapura

O curry, a pimenta e o macarrão instantâneo dão um toque oriental a este prato, mas ele pode ser alterado de acordo com o que você tiver em casa. Nada de ficar meia hora rasgando, cortando e picando hortaliças. Qual seria a vantagem? Aqui, o trabalho é mínimo.

ingredientes

rende 4 porções (mais do que isso é inviável na wok)

150 g de macarrão instantâneo (ou macarrão para yakisoba)

500 g de legumes variados (no máximo 4 ou 5 tipos), o que tiver na geladeira: brócolis, abobrinha, pimentão, cogumelos, ervilhas, couve-flor

2 colheres (sopa) de curry em pó

125 ml / ½ xícara (chá) de água

2 colheres (sopa) de shoyu

1 colher (chá) de sal

2 colheres (chá) de açúcar

½ colher (chá) de pimenta-do-reino moída na hora

½ colher (chá) de pimenta em flocos

2 punhados de castanhas de caju (55 g ou menos / ½ xícara [chá])

8 dentes de alho descascados inteiros

4 a 6 colheres (sopa) de óleo de girassol

preparo

Ferva uma generosa quantidade de água. Coloque o macarrão instantâneo em uma tigela e despeje a água quente sobre eles. Deixe por 2 minutos – não mais – e escorra. Enxague a massa em água corrente, ela deve estar apenas escaldada.

Corte os legumes em pedaços de tamanho semelhante. Coloque-os em uma tigela e salpique-os com o curry. Mexa e reserve.

Misture a água, o shoyu, o sal, o açúcar, a pimenta-do-reino e a pimenta em flocos.

Esquente a wok em temperatura alta sem óleo. Coloque as castanhas de caju, mexa até que peguem um pouco de cor e reserve. Ponha o alho (ainda sem óleo) e toste-o, sacudindo a panela até que fique moreninho e descarte. Acrescente o óleo e os legumes. Mexa sem parar. (Adicione um pouco mais de óleo, se necessário.) Frite tudo por 1 a 2 minutos, junte o macarrão, as castanhas de caju e o molho. Continue fritando por 2 ou 3 minutos – os legumes devem ficar crocantes e o macarrão instantâneo, cozido – sem deixar o líquido secar totalmente. Sirva em seguida.

planeje

Não há quem não goste de massa; tenha sempre vários tipos em sua despensa.

superdica

A wok tradicional é uma das panelas mais práticas na cozinha. Com ela é possível mexer bem a comida sem derramá-la. Se a panela estiver pelando de quente, é preciso um pouco mais de óleo, por isso indiquei duas quantidades. A wok deve ser aquecida sem óleo algum, para evitar que os alimentos grudem.

trigo integral com molho de tomate condimentado

Este prato é fácil, rápido, substancioso e econômico: ideal para um jantar às pressas. Inspirado no haleem, um prato iraniano que se parece com um mingau, fica ainda mais espesso depois de um tempo.

ingredientes

rende 4 porções

400 g de tomates em lata cortados
1 pimenta fresca sem sementes picada ou ½ colher (chá) de pimenta vermelha em pó
2 dentes de alho graúdos
2 colheres (chá) de cominho
1 colher (chá) de açúcar mascavo
½ colher (chá) de vinagre de vinho tinto
sal e pimenta-do-reino moída na hora

150 g / menos de 1 xícara (chá) de trigo integral (triguilho)
1 colher (sopa) de hortelã seca
2 pedaços de canela em pau (opcional)

para servir

iogurte cremoso ou coalhada
azeite de oliva extravirgem
cominho em pó ou canela para polvilhar
folhas de salsinha fresca (opcional)

preparo

Coloque os tomates no liquidificador. Acrescente a pimenta, o alho, o cominho, o açúcar, o vinagre, o sal e a pimenta-do-reino e bata até obter um purê. Despeje em uma panela, sem desperdiçar nada. Adicione o trigo, a hortelã e a canela. Deixe ferver e depois cozinhe em fogo brando por 10 a 15 minutos, mexendo sempre, até que o trigo fique bem cozido. Acrescente água aquecida, se necessário. Prove o tempero. Disponha em tigelas e sirva com uma colherada de iogurte, um fio de azeite de oliva e uma pitada de cominho ou canela. Decore com folhas de salsinha, se desejar.

curry de ovos à moda de Kerala

O curry é um guisado preparado com esse condimento, e algumas receitas demandam muitas horas de cozimento para apurar o sabor. Alguns desses pratos são cozidos de acordo com esta fascinante receita do sul da Índia, que não leva mais do que meia hora.

ingredientes

rende 4 porções
4 ovos
4 colheres (sopa) de óleo de girassol
2 colheres (chá) de grãos de mostarda-preta
2 cebolas grandes em fatias finas (400 g aproximadamente)
3 a 4 dentes de alho picado
um pedaço de gengibre de 4 a 5 cm descascado e picado
4 pimentas-dedo-de-moça frescas, fatiadas no comprimento
2 colheres (chá) de grãos de cúrcuma
2 colheres (chá) de grãos de cominho
3 colheres (sopa) de coco ralado
sal e pimenta-do-reino moída na hora
400 g de tomates em lata picados
250 ml / 1 xícara (chá) cheia de iogurte
coentro fresco para decorar (opcional)
arroz basmati feito na hora para acompanhar

preparo

Disponha os ovos em uma panela pequena e coloque água até cobri-los. Deixe ferver e depois cozinhe em fogo brando por 5 minutos. Escorra, enxágue os ovos em água corrente para esfriar, descasque-os e reserve.

Aqueça bem o óleo em uma frigideira grande. Acrescente os grãos de mostarda e abaixe o fogo quando eles começarem a pipocar. Junte as cebolas e frite-as até ficarem macias e douradas. Adicione o alho, o gengibre, a pimenta, a cúrcuma, o coco ralado, o sal e a pimenta-do-reino. Frite por alguns minutos até os ingredientes soltarem perfume, então coloque os tomates e os ovos. Mexa devagar, de modo que tudo fique quente, e retire do fogo. Junte o iogurte à mistura, tampe a frigideira e deixe descansar por 2 minutos. Salpique o coentro, se desejar. Sirva com arroz.

7

quente e frio

para comer fora de casa, usando a churrasqueira, ou em piqueniques

sanduíche toscano prensado 117
lentilhas ao limão com rabanete 118
wraps para piquenique 121
cogumelos de derreter 122
berinjelas grelhadas pinceladas com missô 123
espetinhos de shitake grelhado e tofu 124
sopa de abóbora e coco + molho de milho verde 128
cozido de forno + pão de alho e mostarda em grão 131

Onde há fogo, em geral há gelo — nas refeições ao ar livre. Você vai estar a alguma distância da geladeira e do fogão, mas estará se esquentando ou cozinhando na brasa, e também gelando as bebidas; ou, no caso de um piquenique, preparando a comida que vai levar.

Piquenique Leve embalagens práticas e armazene tudo com cuidado. Providencie potes com tampa, de várias formas e tamanhos, para acomodar os alimentos sólidos — além de mantê-los frescos, evita que eles amassem ou vazem. Providencie muito gelo. Encha sacos de plástico hermeticamente fechados e potes bem tampados e coloque-os no freezer. Caixas e sacolas térmicas são escolhas perfeitas para improvisar uma "cesta" de piquenique moderna. Faça uma lista do que vai levar e confira — não se esqueça dos pratos, guardanapos, xícaras (chá) ou copos e do saca-rolha.

Churrasqueira Aposto que nove entre dez vegetarianos vão preferir uma churrasqueira separada. Se você só tiver uma, e for preparar carne nela, leve uma a mais, nem que seja emprestada. Depois de colocar fogo no carvão, leva meia hora para que fiquem prontas para uso. Espere as chamas diminuírem e o carvão virar brasa. Como a grelha fica muito quente, use pinças longas e um garfo apropriado para virar e ajeitar a comida.

Fogueira Quem disse que para comer ao ar livre o tempo tem que estar quente? Uma das experiências mais divertidas é fazer uma refeição em volta de uma fogueira no inverno. Atenha-se a uma sopa substanciosa ou a um ensopado, use canecas e colheres descartáveis para servir e beba um vinho ou chá quente. Não agrida a natureza, leve o lixo para casa.

sanduíche toscano prensado vegano

Este sanduíche lembra a famosa "panzanella", uma salada de pão marinado em alho, tomates e azeite de oliva picante. Neste sanduíche, o processo de prensa junta os magníficos sabores mediterrâneos ao pão, fazendo dele um saboroso "pacotinho", fácil de levar para um piquenique.

ingredientes

rende 4 porções
1 ciabatta média
1 dente de alho
1 tomate sem sementes picado
10 boas azeitonas pretas sem caroço
2 colheres (chá) de alcaparras em conserva escorridas
5 a 6 tomates secos escorridos e picados grosseiramente
um punhadinho de folhas de manjericão fresco
um punhadinho de folhas de salsinha fresca
3 colheres (sopa) de azeite extravirgem
1 colher (chá) de vinagre de vinho tinto
uma pitada de sal
pimenta-do-reino moída na hora

preparo

Corte a ciabatta ao meio no sentido do comprimento, depois esfregue meio dente de alho em todo o pão. Bata os demais ingredientes em um processador ou no liquidificador, até obter uma pasta grossa. Espalhe essa pasta em um dos lados do pão.

Antes de prensar o sanduíche, amarre-o com um fio de barbante, que fica muito bonito, ou enrole-o em filme de PVC, que é mais fácil e prático.

Coloque uma tábua em cima do sanduíche e algum objeto pesado por cima – um saco de 5 kg de arroz ou um recipiente grande e fechado cheio de água. Prense os sanduíches por 1 hora, aproximadamente, antes de colocá-los na cesta de piquenique.

planeje Este sanduíche fica melhor se feito com 4 horas de antecedência, no máximo.

superdica Não se esqueça de levar uma tábua e uma faca de pão para cortar o sanduíche. Se preferir, leve-o já cortado em porções individuais, embrulhadas com filme de PVC.

sirva com Queijo e salada.

lentilhas ao limão com rabanete veganas

O tempo de cozimento dos grãos dependerá se são velhos ou não, informação que dificilmente consta na embalagem. As lentilhas, em geral, levam meia hora, portanto experimente deixar um pouco mais – elas devem estar macias, mas não desmanchadas. Esta salada nutritiva e deliciosa é uma ótima pedida em um piquenique, levada em um recipiente bem fechado (como a marmiteira da foto), e é um gostoso acompanhamento de grelhados ou para comer com pão sírio.

ingredientes

rende de 6 a 8 porções
250 g / 2¼ de xícaras (chá) de lentilhas
suco de 1 limão-siciliano grande
2 colheres (sopa) de azeite de oliva
sal e pimenta-do-reino moída na hora
1 colher (chá) de cominho moído na hora
2 cebolinhas picadas
8 rabanetes cortados ao meio
um punhado de salsinha fresca picada

preparo

Coloque as lentilhas previamente lavadas em uma panela pequena. Cubra-as com bastante água, deixe ferver e depois cozinhe em fogo moderado, sem sal. À parte, misture o suco de limão, o azeite, o sal, a pimenta-do-reino, o cominho e a cebolinha. Quando as lentilhas estiverem macias, escorra a água e misture imediatamente esse molhinho. Deixe esfriar, misturando de vez em quando. Adicione os rabanetes e a salsinha. O ideal é servir em temperatura ambiente.

planeje
superdica

Este prato pode ser feito com antecedência de 1 dia, deixando os rabanetes à parte – misture-os só na hora de servir. As lentilhas não precisam ficar de molho de véspera antes de serem cozidas, bastam as 8 horas tradicionais para leguminosas, mas grãos maiores, como o grão-de-bico e o feijão-branco, cozinham mais rapidamente se ficarem de molho de véspera.

wraps para piquenique

Os wraps são os novos sanduíches. Os recheios que estou sugerindo também podem ser degustados como saladas; é só acrescentar mais salsinha e páprica picante ao grão-de-bico e retirar o cream cheese da beterraba.

wraps de grão-de-bico, abobrinha e páprica

ingredientes

rende 4 porções
2 colheres (sopa) de azeite de oliva
2 abobrinhas pequenas fatiadas fino (150 g aproximadamente)
2 dentes de alho picados
2 colheres (chá) de páprica picante ou pimenta em pó
400 g de grãos-de-bico cozidos e escorridos
uma pitada de sal
gotas de limão-siciliano
um punhado de salsinha fresca picada grosseiramente
4 colheres (sopa) de iogurte
4 tortilhas médias (wraps)

preparo

Refogue as abobrinhas em azeite quente até ficarem macias. Acrescente o alho e deixe dourar. Adicione a páprica. Quando mudar de cor, junte o grão-de-bico com uma pitada de sal. Refogue por 2 minutos, para que o grão-de-bico pegue o gosto do tempero. Retire do fogo, esprema o limão e despeje em uma tigela. Deixe esfriar e misture a salsinha e o iogurte.

Coloque uma colherada do recheio na tortilha, perto da borda. Dobre as laterais da massa sobre o recheio, dobre a parte inferior, e enrole bem. Acomode em uma travessa e deixe coberto até a hora de comer. Corte ao meio, na diagonal, antes de servir.

wraps de beterraba, gorgonzola e nozes

ingredientes

rende 4 porções
100 g de minibeterrabas em conserva, escorridas, picadas grosseiramente
55 g / ½ xícara (chá) de nozes trituradas
150 g de gorgonzola ou roquefort esmigalhado
2 colheres (sopa) cheias de cream cheese
pimenta-do-reino moída na hora
45 g de folhas de miniespinafre lavadas
4 tortilhas médias (wraps)

preparo

Em uma tigela, junte a beterraba, as nozes, o queijo e o cream cheese. Moa um pouco de pimenta-do-reino. Misture até obter uma massa homogênea. Recheie as tortilhas como já foi descrito, acrescentando algumas folhas de espinafre em cada tortilha.

cogumelos de derreter

Cogumelos macios, carnudos, ricos em sumo e com um toque de queijo com sabor de alho – o que mais você pode querer? Sirva com pão para poder absorver até a última gota do caldinho.

ingredientes

rende 4 porções
8 cogumelos grandes de tamanhos semelhantes (champignon ou shitake)
4 colheres (sopa) de vermute ou vinho branco
2 dentes de alho picados
2 colheres (chá) de folhinhas de tomilho frescas
sal e pimenta-do-reino moída na hora
100 a 125 g de gruyère ou outro queijo macio ralado
azeite de oliva extravirgem
pão fresco e crocante para servir

preparo

Prepare a churrasqueira. Retire o talo dos cogumelos, sem perfurá-los. Escolha pares do mesmo tamanho. Disponha 4 sobre uma superfície de trabalho e tempere com sal e pimenta a gosto. Coloque uma colher (sopa) de vermute ou vinho branco, alho e tomilho, terminando com o queijo ralado. Tampe com o outro cogumelo e prenda com um palito. Pincele todos com azeite de oliva. Leve à grelha quente, virando com cuidado uma vez, até ficarem macios e suculentos, com o queijo derretendo. Sirva com pão fresquinho.

superdica

Os cogumelos também podem ser assados no forno aquecido a 200°C por cerca de 20 minutos.

berinjelas grelhadas pinceladas com missô veganas

O missô é uma pasta de soja fermentada com sabor forte e salgado. Existem muitos tipos, cada um com uma característica. Eu prefiro os mais claros aos mais escuros. O missô dá um lindo tom a esse glaçado, que pode ser usado com outros legumes ou ingredientes que você desejar grelhar na churrasqueira.

ingredientes

rende 4 porções
berinjelas grandes
espetinhos de madeira deixados de molho na água por meia hora (p. 69)

para o glacê:
2 colheres (sopa) de missô
1 dente de alho picado grosseiramente
1 colher (sopa) de extrato de tomate
1 colher (sopa) de suco de limão-siciliano ou limão-taiti
2 colheres (chá) de açúcar mascavo
2 colheres (sopa) de óleo de girassol

preparo

Prepare a churrasqueira. Corte as berinjelas em discos grossos de 1 cm e insira nos espetos.

Para fazer o glaçado, bata todos os ingredientes no liquidificador ou com um mixer. Se preferir, soque o alho com o missô, esmagando-o bem, e depois misture os demais ingredientes até obter uma emulsão.

Quando o braseiro estiver pronto, pincele os dois lados das berinjelas com o molho de missô e coloque os espetos na grelha. Vire-os com um pegador, regando sempre com o molho, até a berinjela ficar macia. Sirva imediatamente.

espetinhos de shitake grelhado e tofu veganos

O tofu existe há uns dois milênios, ao longo dos quais os japoneses criaram algumas receitas surpreendentes e sofisticadas. Uma marinada simples, ao estilo de um teriyaki – com o sal do shoyu, o adocidado do mirin e o licoroso sumo de nozes do shitake –, é imbatível. Meu "mantra" para o tofu é o seguinte: prepare-o com um toque asiático.

ingredientes

rende 4 porções
24 shitakes pequenos e secos
500 g de tofu fresco e firme
3 cebolas redondinhas descascadas
4 colheres (sopa) de shoyu
4 colheres (chá) de saquê mirin ou sherry
óleo de gergelim
8 espetinhos de madeira deixados previamente de molho (p. 69)

preparo

Coloque os cogumelos secos em uma tigela e despeje 150 ml de água quente sobre eles. Deixe-os amolecer na água por 20 minutos, mexendo de vez em quando. À parte, escorra o tofu e seque-o com papel-toalha. Corte em 16 pedaços iguais.

Separe os cogumelos e reserve o líquido. Enfie 3 cogumelos intercalados por 2 pedaços de tofu nos espetos e, por fim, as cebolas redondinha. Disponha os espetinhos em um recipiente, sem amontoá-los.

Para a marinada, misture o shoyu e o mirin com 4 colheres (sopa) do líquido do cogumelo. Despeje sobre os espetos e deixe-os marinando na geladeira por 1 a 2 horas, no mínimo. Vire-os de vez em quando de modo que absorvam a marinada por igual.

Antes de grelhar, na churrasqueira ou na chapa sulcada, pincele os espetos com o óleo de gergelim. Vire-os com um pegador até que fiquem ligeiramente tostados por igual.

planeje Os espetos podem ser montados com um dia de antecedência.

superdica Não use um tofu muito "macio", pois ele pode "rasgar" no espeto. O tofu fresco pode ser adquirido em lojas de produtos asiáticos. Experimente usar o tofu que foi congelado e descongelado: ele fica diferente, com uma deliciosa textura fibrosa.

sirva com Berinjelas grelhadas pinceladas com missô (p. 123).

Festa em volta da fogueira

Essas reuniões despertam o pagão farrista que existe em todos nós. Elas costumam acontecer no inverno e são um ótimo motivo para desafiar o frio, convidar pessoas queridas para festejar e beber vendo a queima de fogos de artifício. No Brasil, as festas juninas são uma gostosa tradição, com origem na celebração dos santos do mês. Esse caloroso ajuntamento de pessoas pode se transformar em um evento gastronômico em qualquer ocasião ou época do ano.

Antes que você pense em fazer uma reunião desse tipo, peça permissão e orientação para montar uma fogueira. Que tal consultar o Corpo de Bombeiros? Essa corporação pode orientá-lo sobre onde e como fazer uma fogueira segura. Nunca esqueça o fogo aceso.

compras — As lojas especializadas em equipamentos para camping têm opções úteis, como embalagens térmicas, velas especiais, luminárias etc.

louça — É o tipo da ocasião para usar apenas as descartáveis, de preferência de papel, que queima de forma ecológica. Não queime plástico ou polestireno.

bebidas — Para fazer vinho quente, o vinho não precisa ser caro. Em um caldeirão, faça uma infusão com uma garrafa de vinho e paus de canela, sementes de cardamomo e uma laranja com alguns cravos espetados. Cozinhe em fogo baixo por meia hora, em seguida despeje mais vinho e aqueça sem deixar ferver, para o álcool evaporar. Acrescente açúcar, se desejar.

cardápio

vinho quente 126

tortinhas de alcachofra 24

sopa de abóbora e coco 128

cheesecake de chocolate e nozes-pecãs 98

marshmallows bem grandes para tostar na fogueira

sopa de abóbora e coco vegana

Esta sopa é espessa. Isso significa que não vai derramar nos casacos de lã e continuará quente enquanto se conversa ao redor da fogueira, com o vapor saindo da caneca. Ela aquece e é substanciosa – uma refeição completa.

ingredientes

rende de 8 a 10 porções

55 g / 4 colheres (sopa) de manteiga (para os veganos, use óleo)
1 cebola grande picada
3 talos de aipo com as folhas picados
500 g de abóbora-japonesa picada grosseiramente
300 g de cenoura picada grosseiramente
3 dentes de alho graúdos picados
1 colher (sopa) de cominho moído, mais 1 colher (chá)
sal e pimenta-do-reino moída na hora
1 vidro de leite de coco
1 litro / 4 xícaras (chá) de caldo de legumes forte
gotas de limão-siciliano
molho de milho verde para servir

preparo

Derreta a manteiga em uma caçarola, e doure a cebola até ficar translúcida. Acrescente o aipo, a abóbora, a cenoura, o alho, o cominho e tempere com sal e pimenta-do-reino a gosto. Mexa, tampe a panela e deixe cozinhar, mexendo de vez em quando por uns 10 minutos.

Despeje o leite de coco e o caldo de legumes na caçarola e leve à fervura. Cozinhe em fogo baixo por 15 minutos e aproximadamente, até que os legumes fiquem macios. Deixe esfriar um pouco e bata com um mixer, até virar um creme. Acrescente algumas gotas de limão, bata novamente e experimente o tempero. Sirva só a sopa ou com o molho de milho verde (veja abaixo).

molho de milho verde vegano — Temperado, crocante e suculento, é o acompanhamento perfeito para essa sopa aveludada.

ingredientes

150 g / menos de ¾ de xícara (chá) de milho verde cozido fresco ou em lata (escorrido); um pedaço de 2 cm de pimenta-dedo-de-moça fresca sem sementes e picada fino; 1 cebolinha picada fino; algumas folhas de coentro picadas; uma pitada de sal; 1 colher (chá) de suco de limão-siciliano; 1 colher (sopa) de azeite de oliva.

preparo

Junte todos os ingredientes em uma tigela e sirva um pouquinho sobre a sopa de abóbora e coco.

cozido de forno vegano

Esta receita dá pouquíssimo trabalho. A escolha dos vegetais é bastante flexível. Os cogumelos e os tomates não podem faltar, pois são suculentos; escolha os demais vegetais, cerca de 2 quilos ao todo, de acordo com a safra. Um punhado de algum tipo de grão ou favas pode acrescentar sabor e proteína ao prato.

ingredientes

rende 8 porções
100 g de shitakes
200 g de tomates
250 g de aipo
250 g de batata-doce
2 cebolas roxas
1 pimentão vermelho
100 g de vagem-manteiga
400 g de grão-de-bico cozido
4 dentes de alho picados
raspas de 1 limão-siciliano
um punhado de salsinha e manjericão frescos picados
1 colher (chá) de coentro em pó
noz-moscada moída na hora
sal e pimenta-do-reino moída na hora
pimenta em flocos a gosto
1 litro /4 xícaras (chá) de suco de tomate fresco ou industrializado
para servir (opcional):
iogurte natural
ervas frescas picadas

preparo

Preaqueça o forno a 180ºC. Corte todos os legumes em pedaços e coloque-os em uma assadeira funda ou caçarola. Salpique os demais temperos e despeje o suco de tomate. Misture tudo, cubra com papel-alumínio e leve ao forno por 45 minutos. Retire o papel-alumínio e misture os ingredientes de novo. Abaixe a temperatura do forno para 150ºC e asse por mais 30 a 40 minutos para o caldo engrossar.

Retire da assadeira e sirva em tigelas. Decore com uma colher de iogurte e ervas picadas, se desejar.

planeje

Embora este cozido possa ser feito com antecedência, não há nada mais apetitoso do que uma onda de aromas saindo do forno — isso faz parte do prazer deste prato.

superdica

Se os convidados estão de pé, sirva o cozido em cumbucas.

sirva com

Cuscuz marroquino, trigo integral, quinua ou batatas assadas. Fica ótimo com o pão de alho e mostarda em grão (veja a seguir).

pão de alho e mostarda em grão — Bem diferente, este pão é sempre um sucesso. Asse-o no forno ou nas brasas da fogueira.

ingredientes

100 g de manteiga amolecida (para os veganos, use margarina); 1 dente de alho amassado; 1 colher (sopa) de grãos de mostarda moídos; pimenta-do-reino moída na hora; 1 baguete.

preparo

Preaqueça o forno a 200ºC. Bata a manteiga com os demais temperos. Faça talhos diagonais na baguete, sem fatiá-la de fato. Espalhe generosamente a mistura de manteiga entre cada fatia. Embrulhe o pão em papel-alumínio e leve-o ao forno por 15 a 20 minutos, até ficar todo crocante e quente. Sirva imediatamente.

8

brunch

pratos fáceis e saborosos para começar o dia

batatas com cúrcuma, limão e coco 135
quesadillas matutinas com molho apimentado 137
pão de linhaça dourada 138
panquecas de farinha integral com queijo 139
muffins de banana, coco e limão + muffins de maçã e marzipã 142
ovos assados em tomates 145

A idéia do brunch, uma mistura de café da manhã (breakfast) e almoço (lunch), nasceu nos Estados Unidos. Ele pode ser servido a qualquer hora entre as dez da manhã e o meio-dia. Versátil, também pode funcionar como uma festinha depois da noitada, em geral no domingo. Talvez seja necessário chá de boldo ou carqueja, mas bloody mary (suco de tomate e vodca) e mimosa (champanhe e suco de laranja) estão na moda.

Quando muita gente se encontra em um casamento ou comemoração importante, há sempre uma sequência de pequenas reuniões, que culminam no grand finale. O brunch faz a ponte entre o grand finale e a volta à vida cotidiana. Ele extrai o último pedacinho de festa e declara o final do evento da noite anterior.

Um brunch deve ser preguiçoso e sossegado. Não importa se há poucos convidados, deve ter um bufê com muitas coisas, doces e saborosas, que possam ser repostas, se necessário. Também não podem faltar frutas, em especial melão, papaias, morangos, bules de café, chá, jarras de suco, jornais e o espírito das comemorações: champanhe.

batatas com cúrcuma, limão e coco

Para mim, o prêmio para a comida matinal mais saborosa vai para as batatas crocantes. A cúrcuma tinge essas batatas com um amarelo ofuscante e ao mesmo tempo dá um ligeiro toque terroso ao sabor. Ao ferver a cúrcuma, a água se torna absolutamente vermelha – é assim mesmo! Ela só está cumprindo seu papel.

ingredientes

rende de 6 a 8 porções
1 quilo de batatas novas lavadas e cortadas ao meio
sal e pimenta-do-reino moída na hora
2 colheres (chá) de cúrcuma em pó
3 colheres (sopa) de azeite de oliva
6 dentes de alho
6 echalotas descascadas ou cebolas brancas
1 pimentão verde picado
1 limão-siciliano cortado em fatias grossas
3 colheres (sopa) de coco ralado seco

preparo

Preaqueça o forno a 220°C. Coloque as batatas em uma panela, cobrindo-as com água, sal a gosto e a cúrcuma. Deixe ferver e cozinhe por 5 minutos. Escorra bem e deixe esfriar um pouco. Transfira as batatas para uma assadeira e regue-as com o azeite de oliva e os demais ingredientes, revolvendo-os delicadamente para envolver todas as batatas.

Asse por meia hora aproximadamente, mexendo e soltando as batatas, até ficarem macias e crocantes. Sirva quente.

quesadillas matutinas com molho apimentado

A quesadilha é uma tortilha mexicana frita recheada com queijo derretido, carne ou legumes. Elas costumam ser oferecidas como lanche, mas combinam perfeitamente com ovos. Esta versão, feita no forno, embora diferente da tradicional, é perfeita para um brunch.

ingredientes

rende de 2 a 4 porções
para o molho apimentado:
400 g de tomates picados
2 dentes de alho pequenos picados
algumas fatias de pimenta jalapeño em conserva
1 colher (sopa) do caldo da pimenta jalapeño
1 a 2 colheres (chá) de chili em pó
sal
uma pitada de açúcar
para cada quesadilla:
azeite de oliva
1 tortilha de farinha (wrap)
3 colheres (sopa) cheias de feijões cozidos e escorridos
2 colheres (sopa) de cream cheese
1 cebolinha picada
um pouco de manteiga ou azeite para fritar
1 ovo caipira

preparo

Coloque os ingredientes do molho em uma panela pequena e deixe ferver. Depois refogue em fogo baixo enquanto você faz as quesadillas.

Preaqueça o forno a 200°C. Espalhe os feijões em uma das metades da tortilha e o cream cheese na outra. Salpique a cebolinha e dobre a tortilha. Pincele-a generosamente com azeite de oliva e disponha-a em uma assadeira. Repita o mesmo procedimento nas demais tortilhas. Asse por 10 a 15 minutos até dourarem, virando-as uma vez.

Enquanto isso, esquente um pouco de manteiga ou azeite numa frigideira e frite os ovos como preferir. Coloque o ovo frito sobre as quesadillas e sirva com o molho.

planeje

As tortilhas podem ser recheadas com 4 horas de antecedência. Cubra e deixe na geladeira. O molho pode ser feito na véspera e refrigerado.

pão de linhaça dourada vegano

As torradas caseiras são incomparáveis. Feitas na véspera, vão estalar de crocantes ao serem mordidas. Além disso, a linhaça vai reforçar o tom dourado da massa. Experimente fazer – é muito simples e ficam tentadoras.

ingredientes

aproximadamente 500 g / 3½ xícaras (chá) de farinha de trigo especial, mais um pouco para polvilhar
7 g de fermento biológico seco
2 colheres (chá) de erva-doce
2 colheres (chá) de coentro em grãos
3 a 4 colheres (sopa) de linhaça dourada ou pinholes tostados e picados grosso
1 colher (chá) de sal
2 colheres (sopa) de mel (para os veganos, use açúcar mascavo)

preparo

Misture todos os ingredientes em uma tigela grande, exceto o mel. Dilua o mel em 300 ml / 1¼ de xícara (chá) de água quente, despeje aos poucos na tigela e vá misturando a massa. Se ela ficar grudenta demais, acrescente farinha – lembre que ela deve ficar maleável, nunca muito dura. Coloque a massa sobre uma superfície de trabalho limpa e sove-a por 5 a 6 minutos, até ficar elástica. Transfira para uma tigela untada de óleo e amasse-a. Cubra a tigela e deixe-a num lugar quente até a massa dobrar de tamanho.

Preaqueça o forno a 220°C. Polvilhe a superfície de trabalho com farinha. Devagar, aperte a massa para o ar sair, e divida-a em 8 pedaços. Abra com um rolo de macarrão, criando formas irregulares ovaladas e chatas. Disponha numa assadeira ou pedra e asse de 6 a 8 minutos, até ficarem douradas e ligeiramente estufadas.

superdica

Este pão pode ser assado diretamente em uma chapa.

panquecas de farinha integral com queijo

Estas panquecas leves e saudáveis são tão fáceis que é possível fazê-las ao pular da cama pela manhã, para o café. Também são ótimas para reuniões. Uma compota de fruta é uma boa combinação, mas o mel também é uma boa opção.

ingredientes

rende de 2 a 4 porções

60 g / menos de ½ xícara (chá) de farinha integral
½ colher (chá) de fermento em pó
2 colheres (chá) de açúcar mascavo
½ colher (chá) de sal
2 ovos batidos
250 g / 1 xícara (chá) cheia de queijo tipo cottage
½ a 1 colher (chá) de manteiga para fritar
para servir (opcional):
iogurte, compota de fruta ou mel

preparo

Junte todos os ingredientes em uma tigela e adicione os ovos e o queijo. Esquente, mas não muito, uma frigideira ou uma grelha com um pouquinho de manteiga derretida, espalhada por toda a superfície. Despeje a massa mole às colheradas e frite até ficar ligeiramente seca e estufadinha. Vire e doure do outro lado. Sirva as panquecas quentes com iogurte ou uma compota de fruta.

planeje

Esta massa mole pode ser feita 12 horas antes, sem o fermento. Adicione o fermento em pó apenas antes de fritar. As panquecas podem ser fritas com 1 hora de antecedência e conservadas em local quente.

um bufê para o final da manhã — Depois de uma longa noite de sono ou, principalmente, depois de uma festança, tudo o que as pessoas querem é comer coisas doces, para recuperar a energia. Ovos, batatas, frutas e massas são a base do brunch. Pratos comprados prontos não cabem neste momento engordativo e preguiçoso.

Lembre que quando se trata de comprar comida orgânica, os ovos são um item importante. Se comparados com os ovos comuns, os caipiras e orgânicos têm melhor sabor — a gema é mais amanteigada e substanciosa e a clara, mais cremosa. As galinhas caipiras não são criadas para maximizar a produção de ovos; elas ficam perambulando à vontade e recebem uma alimentação vegetariana natural, livre de medicamentos e aditivos.

compras   As reuniões matinais ficam mais fáceis se as compras e boa parte da preparação tiverem sido feitas no dia anterior. No entanto, pãezinhos quentes e croissants justificam uma ida à padaria.

louça   Aqueça no forno os pratos grandes para servir os salgados, e tenha pratos menores frios para as frutas e doces.

bebidas   Se o dia está quente, ofereça chá gelado. Prepare uma chaleira bem forte. Adoce metade, enquanto está quente. Encha duas jarras com gelo e despeje o chá adoçado e quente em uma, e o sem açúcar em outra. O gelo vai derreter, esfriando e diluindo um pouco. Faça café para quem prefere uma bebida quente, e não esqueça de aquecer um pouco de leite.

cardápio

batatas com cúrcuma, limão e coco 135

ovos assados em tomates 145

panquecas de farinha integral com queijo 139

muffins de banana, coco e limão 142

melão, cerejas, morangos e outras frutinhas vermelhas

coalhada e mel

muffins de banana, coco e limão

Convenhamos: os muffins não passam de uma desculpa engenhosa para se comer bolo no café da manhã. Como qualquer bolo, o segredo é não bater demais a massa. Não se preocupe se a farinha parece não ter se misturado bem, tudo acaba se ajeitando no final.

ingredientes

rende 6 muffins grandes ou 12 pequenos

250 g / pouco menos de 2 xícaras (chá) de farinha de trigo

1 colher (chá) de fermento em pó

200 g / 1 xícara (chá) de açúcar

¼ de colher (chá) de sal

70 g de manteiga derretida e um pouco mais para untar
  ou 90 ml / ⅓ de xícara (chá) de óleo de girassol

2 ovos

raspas e suco de 2 limões-taiti

1 colher (chá) de essência de baunilha ou 1 colher (chá)
  de rum

125 ml / ½ xícara (chá) de iogurte

1 banana grande e madura amassada

3 colheres (sopa) de coco ralado seco

preparo

Preaqueça o forno a 180°C e unte uma fôrma própria para muffins. Peneire a farinha, o fermento, o açúcar e o sal em uma tigela. À parte, bata os demais ingredientes e junte à mistura de farinha com poucos movimentos, de modo que se mesclem ligeiramente (a massa vai parecer desigual). Despeje nas forminhas untadas e asse de 25 a 35 minutos, até os bolinhos ficarem dourados, firmes, mas fofos.

Deixe esfriar na fôrma por 10 minutos e depois desenforme-os sobre uma grade. Sirva quente, com manteiga.

muffins de maçã e marzipã — Deliciosamente frutados e com um sabor de amêndoas que arrasa.

ingredientes

Substitua as raspas e o suco de limão, a banana e o coco da receita acima por: raspas e suco de 1 limão-siciliano; 1 maçã grande descascada e cortada em cubinhos; 100 g de marzipã esmigalhado.

preparo

Siga o procedimento descrito na receita anterior.

ovos assados em tomates

Tive esta ideia em um sonho. Fiz em um brunch e ficou maravilhosa. Alguns dias depois, ao folhear um livro de receitas de uma grande amiga, publicado pela primeira vez em 1970, vi ali os "ovos assados em tomates". Margaret Costa, a autora, sugere servi-los como entrada, decorados com lascas de alho, creme de leite e pão frito no azeite de oliva, o que certamente os deixa ainda mais saborosos. O inconsciente coletivo da culinária tem seus mistérios.

ingredientes rende 4 porções (como entrada) ou 8 porções (como parte de um bufê de brunch)
8 tomates de tamanho similar firmes
4 colheres (sopa) de azeite
sal e pimenta-do-reino moída na hora
8 folhas de manjericão fresco
8 ovos caipiras pequenos ou médios
4 colheres (sopa) de parmesão ralado na hora

preparo Preaqueça o forno a 200°C. Corte a base dos tomates para que eles não tombem. Corte uma "tampa" na parte de cima e retire o miolo e as sementes, sem furar a pele. Tempere-os com sal e pimenta-do-reino, coloque uma folha de manjericão dentro de cada um e regue com azeite de oliva. Quebre um ovo em uma xícara ou copo e deslize a gema com cuidado para dentro do tomate, dispensando boa parte da clara. Por fim, coloque um pouco de queijo ralado e disponha-o em uma assadeira ligeiramente untada. Repita o mesmo procedimento com todos os ovos. Leve-os ao forno por 15 a 20 minutos, até que fiquem do seu gosto. Sirva imediatamente.

planeje Os tomates podem ser escavados com 4 horas de antecedência, enrolados em filme de PVC e conservados na geladeira.
superdica Se não encontrar tomates-caqui, use outro tomate carnudo e firme. Para servi-los em um brunch, apoie cada tomate sobre uma fatia de baguete torrada com manteiga.
sirva com Grissinis ou torradas com manteiga.

9

vegetarianos que comem peixe
receitas para piscovegetarianos

bolinho de caranguejo com molho agridoce apimentado 149
lula com erva-doce e pimenta-rosa 150
linguado com molho quente de tomate e manjericão 151
vieiras com pappardelle, açafrão e abacate 155
salada de atum e manga à moda tailandesa 156

Vegetarianos que comem peixe — Pode parecer contraditório, mas, na verdade, eles formam um grupo em franco crescimento. Ainda que as pessoas tenham motivos para restringir a alimentação, algumas não são tão rígidas. Muitas vezes, a escolha do tipo da dieta é apenas uma questão de paladar. Este capítulo é para quem gosta de peixe!

Mais do que outros alimentos, os peixes têm de ser frescos. Reuni algumas orientações para fazer uma boa escolha:

Prefira a feira ao supermercado – o peixe estará mais fresco, mais barato e mais limpo.

Questione o atendente. O peixe está bom hoje? Quando chegou? Um bom peixeiro, com certeza lhe dará todas as informações. O peixe fresco parece que está pronto para nadar. Os olhos dão uma boa indicação do frescor: devem estar claros, brilhantes e salientes, nunca opacos nem ressecados. Atente para o brilho do olhar, e, principalmente, confie em seu faro. Se o peixe tiver qualquer outro cheiro que não seja o de mar, não compre.

Peça seu peixe de acordo com o preparo: em postas, filés, iscas etc. – isso faz parte do trabalho do peixeiro, não do seu.

Para este capítulo, selecionei variedades sustentáveis de peixe e frutos do mar. No entanto, isso nem sempre se aplica a qualquer canto do país e depende da época do ano. Quem se preocupa com o ecossistema deve se informar bem para fazer suas escolhas. Existem muitos sites úteis sobre esse tema. No Brasil, o site do Instituto Brasileiro de Geografia e Estatística (IBGE) traz informações sobre espécies em risco: www.ibge.org.br.

bolinho de caranguejo com molho agridoce apimentado

A carne do caranguejo fresca é sempre melhor, mas a congelada é bastante aceitável para esta receita. Se possível, adquira apenas a carne branca, uma vez que a escura tem sabor forte e textura farinhenta. Muitas espécies de caranguejo estão em extinção. No Brasil, as mais consumidas são os uçás e os guaiamuns.

ingredientes

rende cerca de 24 bolinhos, 8 porções como tira-gosto
55 g de bolacha cream cracker ou de água e sal
500 g de carne branca de caranguejo descongelada bem escorrida e limpa
2 a 3 pimentas-malaguetas picadas
1 colher (sopa) de molho de peixe tailandês ou shoyu light
um punhado de coentro picado
suco de 1 limão-taiti
1 dente de alho graúdo picado
1 ovo caipira batido
óleo de girassol para fritar
gomos de limão, para servir

para o molho:
75 ml / ⅓ de xícara (chá) de xarope de glicose
1 colher (sopa) de shoyu light
1 colher (sopa) de suco de limão-taiti
2 cebolinhas picadas fino
1 pimenta-malagueta grande (ou 2 pequenas) picada fino

preparo

Para o molho, junte todos os ingredientes em uma tigela, misture bem e reserve.

Bata as bolachas em um processador até ficarem bem moídas. Acrescente os demais ingredientes, usando a tecla pulsar, para misturar, mas sem deixar muito homogêneo. Modele a massa em bolinhos de 3 a 4 cm de diâmetro e não mais de 1 cm de altura.

Em uma frigideira grande, esquente bastante óleo em fogo moderado. Quando ao colocar um pedacinho da massa o óleo chiar, ele estará no ponto. Frite os bolinhos de caranguejo até dourarem e ficarem crocantes dos dois lados, depois deixe-os secar sobre papel-toalha. Sirva com os gomos de limão e o molho.

lula com erva-doce e pimenta-rosa

A regra para o cozimento de lulas é: menos de dois minutos ou mais de vinte minutos. Nesse intervalo, ela fica borrachenta. A menos que goste de uma aula de anatomia de cefalópodes, peça ao peixeiro que limpe as lulas para você.

ingredientes

rende 4 porções
4 colheres (sopa) de manteiga (55 g aproximadamente)
2 colheres (sopa) de azeite de oliva
1 bulbo de erva-doce grande (cerca de 250 g), aparada e cortada em pedaços grossos
250 g de lula limpa cortada em anéis de 1 cm
1 colher (sopa) de grãos de pimenta-rosa
sal
80 ml de vinho Madeira
2 colheres (sopa) cheias de pão amanhecido esmigalhado
400 g de acelga chinesa cortada ao meio (ou outra verdura à sua escolha)
1 colher (sopa) de salsinha fresca picada

preparo

Em uma frigideira grande de fundo grosso, derreta a manteiga no azeite em fogo médio para evitar que ela queime. Acrescente a erva-doce e a lula e cozinhe, mexendo bastante, por 15 minutos.

Adicione a pimenta-rosa, sal a gosto e o vinho Madeira. Refogue até reduzir o vinho. Junte o pão esmigalhado e cozinhe por mais 10 minutos, mexendo sempre. A erva-doce e a lula vão dourar e as migalhas de pão vão ficar crocantes. À parte, cozinhe a acelga chinesa no vapor por 5 minutos, até ficar macia. Pouco antes de tirar a lula do fogo, misture a salsa picada. Sirva a lula sobre a acelga chinesa. Despeje o caldinho da panela por cima de tudo.

linguado com molho quente de tomate e manjericão

O linguado é extremamente delicado. Um molhinho quente e levemente ácido casa perfeitamente com a textura leve desse peixe. Já preparei esta receita para uma festa de casamento com 130 convidados e ela marcou presença.

ingredientes

rende 4 porções

4 colheres (sopa) de farinha de trigo
sal e pimenta-do-reino moída na hora
500 g de filés de linguado lavados, inteiros ou cortados em 4 pedaços
2 a 3 colheres (sopa) de azeite de oliva

para o molhinho:

4 colheres (sopa) de azeite de oliva
4 echalotas ou cebolas brancas em fatias
250 g de tomates picados
10 a 12 folhas de salsinha fresca picadas, mais um pouco para decorar
2 colheres (sopa) de vinagre de vinho tinto
½ colher (chá) de açúcar mascavo
sal e pimenta-do-reino moída na hora

preparo

Para o vinagrete, aqueça o azeite de oliva em uma panela pequena e coloque as echalotas, salteando até ficarem translúcidas. Acrescente os demais ingredientes. Refogue o tomate por 2 minutos, aproximadamente, antes de começarem a amolecer. Retire a panela do fogo e reserve.

Despeje a farinha em um prato e tempere com sal e pimenta-do-reino. Empane os filés nessa mistura. Esquente o azeite de oliva em uma frigideira, em fogo médio a alto. Frite os filés, dourando-os ligeiramente. Ao retirar da frigideira, mantenha-os bem aquecidos. Sirva imediatamente com o molhinho. Decore com filetes de salsinha.

Uma festa à moda tailandesa

Na tradicional culinária tailandesa, é quase impossível escapar dos frutos do mar — o que não é nada estranho, uma vez que a Tailândia é formada por milhares de ilhas. Como grande parte da gastronomia asiática, a tailandesa aguça o paladar com os sabores doce, amargo, picante e salgado. Alguns ingredientes exóticos, como o tamarindo, o capim-limão e o limão, dão aos preparos um perfume ímpar. Talvez seja difícil obter alguns dos ingredientes, mas vale a pena procurá-los.

Os pratos tailandeses costumam ser decorados com enfeites de legumes. Use pimentas-malaguetas frescas e macias ou cebolinhas. Segure a ponta com firmeza e faça cortes no sentido do comprimento. Imediatamente, coloque a cebolinha ou a pimenta de molho em uma tigela com água gelada por cerca de meia hora, para que as pontas enrolem.

compras Procure lojas especializadas em produtos do sudeste asiático. As receitas que escolhi, porém, não exigem nada muito exótico — apenas pimentas frescas, limão, mangas e artigos fáceis de encontrar. Veja as observações sobre a compra de peixes no início deste capítulo.

louças A comida tailandesa é tradicionalmente consumida com talheres ocidentais. Se possível, use folhas de bananeira novas para forrar pratos e travessas, limpas e cortadas no tamanho certo. Para moldar, use uma frigideira seca e bem quente.

bebidas Na Tailândia, o chá de jasmim é a bebida tradicional para acompanhar a comida. Um vinho branco frutado e levemente adocicado também é uma boa escolha.

cardápio

sopa de abóbora assada com tamarindo 53

bolinho de caranguejo com molho agridoce apimentado 149

salada de atum e manga à moda tailandesa 156

sorvete com raspas de limão 89

vieiras com pappardelle, açafrão e abacate

Este prato de verão tem um sabor bastante sutil. A primeira vez que o fiz foi na casa de praia de um amigo. Escolhemos as vieiras diretamente no barco do mergulhador. As tiras do pappardelle combinam muito bem com o molho guarnecido de abacates, mas cortes semelhantes também servem. Certifique-se de que a água do cozimento da massa esteja tão salgada quanto o mar.

ingredientes

rende 4 porções (como prato principal) ou 6 porções (como entrada)

12 vieiras limpas e enxaguadas

óleo de girassol

sal e pimenta-do-reino moída na hora

2 colheres (sopa) de manteiga (25 g aproximadamente)

4 echalotas ou cebolas brancas picadas fino

1 pimentão vermelho sem sementes cortado em cubinhos

1 abobrinha média cortada em cubinhos

¼ de colher (chá) de açafrão embebido em 2 colheres (chá) de água quente

300 ml / 1 ¼ de xícara (chá) de creme de leite fresco

200 g de pappardelle

1 abacate grande e maduro cortado em pedaços e regado com suco de 1 limão-taiti

preparo

Coloque as vieiras em uma tigela e acrescente óleo suficiente para ajeitá-las um pouco. Tempere-as com sal e pimenta-do-reino e coloque na geladeira.

Leve à fervura uma caçarola grande com água e bastante sal.

À parte, derreta a manteiga em fogo brando em uma panela grande. Coloque as echalotas, o pimentão, a abobrinha, e refogue, mexendo sempre, até as echalotas dourarem levemente. Junte o açafrão, misture o creme de leite e deixe tudo aquecer bem. Tempere com sal e pimenta-do-reino, retire a panela do fogo, tampe e reserve.

Cozinhe a massa por 6 a 8 minutos, até ficar al dente. Esquente bastante uma chapa sulcada (ou grelha) para preparar as vieiras. Quando estiver faltando 4 minutos para completar o cozimento da massa, coloque as vieiras na chapa e cozinhe-as por 90 segundos de cada lado, virando-as com uma espátula. Retire e reserve. Escorra a massa e coloque-a de volta na caçarola. Junte o molhinho de açafrão e o abacate picado, e misture bem. Divida o pappardelle em 4 pratos aquecidos e arrume as vieiras por cima. Sirva imediatamente.

planeje

Este prato fica melhor se preparado na hora de comer.

superdica

Prefira as vieiras colhidas por pescadores, pois a pesca de arrasto estraga o fundo do mar. Se for impossível, use camarões médios. Embora tenha adquirido as vieiras de um mergulhador, eu as levei a uma peixaria para serem tiradas das conchas.

salada de atum e manga à moda tailandesa

O atum fresco é um peixe carnudo, por isso é sempre bom perguntar como as pessoas o preferem, assim como fazemos com a carne vermelha. A maioria prefere o rosado, pois ele tende a enrijecer quando passa do ponto. Ao comprar, tenha certeza de que não se trata de uma espécie em extinção, como o atum-azul ou o atum-verdadeiro (*Thunnus thynnus*). A albacora-branca (atum-branco) é uma boa opção, principalmente se pescada na vara.

ingredientes

para a salada:
125 g de massa para yakisoba ou espaguete instantâneo
1 colher (sopa) de óleo de girassol
500 g de postas de atum fresco cortadas em pedaços grandes
1 manga média descascada e cortada em tiras
1 pimentão vermelho cortado em tiras
1 cebola roxa fatiada fino
um bom punhado de folhas de hortelã fresca
um bom punhado de folhas de coentro fresco

para o molho:
1 dente de alho picado fino
1 pimenta-malagueta picada fino
4 colheres (sopa) de shoyu light
2 colheres (sopa) de molho de peixe tailandês ou de shoyu light
4 colheres (sopa) de suco de limão-taiti
2 colheres (sopa) de açúcar mascavo

preparo

Cozinhe o macarrão em água quente seguindo as instruções da embalagem. Escorra, enxágue em água corrente até esfriar e coloque a massa em uma tigela grande.

Misture bem todos os ingredientes do molho, à mão ou com um mixer.

Aqueça o óleo em uma frigideira antiaderente. Coloque o atum e doure-o por alguns segundos dos dois lados (até o peixe alcançar o ponto de sua preferência).

Despeje metade do molho na massa e misture. Divida o macarrão em 4 pratos. Em uma tigela, junte o restante do molho e os demais ingredientes da salada e misture bem; a seguir, coloque o atum e mexa delicadamente. Disponha a mistura sobre o macarrão e sirva.

índice remissivo

a
abacate com um toque de gengibre 52
almoço 64-81
aspargos assados e ovos marmorizados 44

b
batatas com cúrcuma, limão e coco 135
batatinhas crocantes com molho de tamarindo 17
bebidas 9-10, 20, 34, 56, 74, 92, 108, 126, 134, 140, 152
berinjela defumada 69
berinjelas assadas e queijo de coalho com molho de amêndoas 71
berinjelas grelhadas pinceladas com missô 123
bolinho de caranguejo com molho agridoce apimentado 149
brunch 132-45
bufês 26-45, 134, 141

c
canapés 8, 12-25
  quantidade de 14
cardápios
  à moda tailandesa 153
  canapés e petiscos 21
  de ceia de improviso 109
  de festa 35
  de festa com fogueira 127
  de jantar de domingo 75
  para receber os amigos 57
  para reuniões matinais 141
  para um chá no jardim 93
  planejamento 8, 28
castanhas portuguesas ao creme de conhaque 85
chá gelado 140
charutinhos de frutas secas 18
cheesecake de chocolate e nozes-pecãs 98
cheesecake de ricota e cebola com tomates secos e sálvia 79
churrasqueira 114-31
cogumelos de derreter 122
cogumelos recheados com aroma trufado 72
compras 10, 20, 34, 56, 74, 92, 102, 108, 126, 140, 152
copinhos de creme de chocolate com morango 97
coquetéis 12-25
cozido de forno 131
creme de maçã com merengue de gengibre 88
crostini com abacate e tomate seco 23
curry de ovos à moda de Kerala 113
cuscuz de salsinha e açafrão 40

d
despensa 10

e
dumpling de ricota e ervas com molho de cogumelos e vodca 67

e
espetinhos de berinjela, queijo feta e hortelã 19
espetinhos de shitake grelhado e tofu 124
espetinhos de tofu e manga 69
espetinhos de tortellini com azeite aromatizado 29

f
fogueiras 114-31
fondue de queijo brie 62

g
gratinado de abóbora e alho 80

i
ingredientes 11

j
jantar 64-81

l
lentilhas ao limão com rabanete 118
linguado com molho quente de tomate e manjericão 151
louça 20, 34, 56, 74, 92, 108, 126, 140, 152
lula com erva-doce e pimenta-rosa 150

m
macarrão instantâneo à moda de Singapura 111
merengue tropical 87
merengues com doce de leite 96
merengues com morangos e água de rosas 87
miniberinjelas condimentadas com iogurte mentolado 49
molho de milho verde 128
molho de pepino 54
molhos quase instantâneos para massas 106
muffins de banana, coco e limão 142
muffins de maçã e marzipã 142

n
nhoque de batata-doce com molho dolcelatte 70

o
omelete de alcachofra 105
ovos assados em tomates 145

p
palmito de pupunha no mel e salada de pera 61
panquecas de farinha integral com queijo 139
pão caseiro de mel e sementes 62
pão de alho e mostarda em grão 131
pão de linhaça dourada 138
pêssegos recheados grelhados 95
pratos
  com peixe 146-57
  principais 64-81
  rápidos 100-13
  tailandeses
planejamento 152-3

q
quesadillas matutinas com molho apimentado 137

r
risoni com brócolis e limão 37

s
salada de atum e manga à moda tailandesa 156
salada quente de cogumelos com molho cremoso de alcaparras 60
salada tailandesa na casquinha 51
sal de erva-doce 31
sanduíche de pepino e mascarpone com ervas 15
sanduíche toscano prensado 117
sobremesas 82-99
sopa de abacate gratinada 59
sopa de abóbora assada com tamarindo 53
sopa de abóbora e coco 128
sopa de beterraba e leite de coco 54
sorvete com raspas de limão 89
strudel de batata, alho e mozarela defumada 77

t
tajine com sete legumes 40
tela de aspargos 76
teriyaki de amêndoas e castanhas 22
tigela quente e picante de udon com azeite condimentado 103
torta de frutas vermelhas com caramelo de conhaque 90
torta gigante de espinafre e queijo 43
tortinhas de alcachofra 24
travessa de hortaliças grelhadas 32
trigo integral com molho de tomate condimentado 112
trufas de berinjela e azeitonas 25

v
vagens adocicadas 38
vegetais com molho de gergelim 31
vegetarianos, como receber 8-11
vieiras com pappardelle, açafrão e abacate 155
vinho quente 126, 127

w
wraps para piquenique 121

para meu pai

agradecimentos

Meus mais sinceros agradecimentos à dinâmica equipe — Vanessa, Jan e Nicky —, que fez faíscas voarem. Agradecimentos enormes a Stuart Cooper, por manter as rédeas e por acreditar em mim completamente; e a Lizzy Gray, por ter sido tão focada e paciente. E, finalmente, agradeço a todas as pessoas que ajudaram a tornar o livro o que ele se tornou, com amor: Christiane Kubrick, Anya, Amy, Beth e mamãe, por toda a ajuda inesgotável. Suku, pela amizade auspiciosa e pelas requintadas esculturas de vegetais; Emma, Andrew, Calum, Annette, Cathy Lowis, Tamsy, Brent e Shannon. Luke, da Vanessa; Rossie; Rebecca, da Mandy; e Tilley, o gato. Jennifer Joyce, Victoria Blashford-Snell e Lindsay Wilson. Os desgustadores Paula, Tracy, Ben, Kate, Paulie, Ying, Jill, Matt, Roland, Selene, James, Jessica e o pequeno Sorrel (só que em outra posição da cadeia alimentar). Rupert, Jeanne e meu amado Dan. Rosie Kindersley, Eric Treuille e todo o pessoal da Books for Cooks.

Agradeço também a: Linda, da Ceramica Blue — www.ceramicablue.co.uk; Camilla Schneideman, da Divertimenti — www.divertimenti.co.uk; SCP — www.scp.co.uk; Little Book of Furniture — www.littlebookoffurniture.com; Aria — www.ariashop.co.uk; Patricia Michaelson, da La Fromagerie — www.lafromagerie.co.uk; John Lewies Partnership; Renata, da Giaccobazzi's; peixarias Steve Hatt, na Essex Road, Londres N1; James Elliot, na Essex Road, Londres N1.

Copyright do texto © 2003 Celia Brooks Brown
Copyright das fotografias © 2003 Jan Baldwin
Copyright do projeto gráfico © 2003 Pavilion Books
Copyright da tradução © 2011 Alaúde Editorial Ltda.

Publicado originalmente na Grã-Bretanha em 2003 pela Pavilion, um selo da Anova Books Ltd, 10 Southcombe Street, Londres, W 14 0RA

Título original: *Vegetarian party food*

Todos os direitos reservados. Nenhuma parte desta edição pode ser utilizada ou reproduzida – em qualquer meio ou forma, seja mecânico ou eletrônico –, nem apropriada ou estocada em sistema de banco de dados sem a expressa autorização da editora.

O texto deste livro foi fixado conforme o acordo ortográfico vigente no Brasil desde 1º de janeiro de 2009.

PREPARAÇÃO E CONSULTORIA GASTRONÔMICA: Elvira Castañon
REVISÃO: Milena Wiek, Valéria Sanalios e Shirley Gomes
IMPRESSÃO E ACABAMENTO: Ipsis Gráfica e Editora S/A

1ª edição, 2011 / 2ª edição, 2013

Dados Internacionais de Catalogação na Publicação (CIP)
(Câmara Brasileira do Livro, SP, Brasil)

Brown, Celia Brooks
  Festa vegetariana : receba os amigos com classe e sabor / Celia Brooks Brown ; tradução de Maria Sylvia Corrêa ; fotos de Jan Baldwin. --
São Paulo : Alaúde Editorial, 2011.

Título original: vegetarian party food.

  ISBN: 978-85-7881-078-8

1. Culinária vegetariana 2. Menus 3. Receitas 4. Vegetarianos I. Baldwin, Jan. II. Título.

11-05672   CDD-641.5636

Índices para catálogo sistemático:
1. Receitas vegetarianas : Culinária 641.5636

2013
Alaúde Editorial Ltda
Rua Hildebrando Thomaz de Carvalho, 60
04012-120, São Paulo, SP
Tel.: (11) 5572-9474 e 5579-6757
www.alaude.com.br